MASTERING

FRENCH

LEVEL 1

Hear It • Speak It • Write It • Read It

Developed for the
**FOREIGN SERVICE INSTITUTE,
DEPARTMENT OF STATE**

by Monique Cossard and Robert Salazar

SECOND EDITION

DI018657

This course was developed for the Foreign Service Institute, Department of State.

© Copyright 2003, 1985 by Barron's Educational Series, Inc.

All inquiries should be addressed to:
Barron's Educational Series, Inc.
250 Wireless Boulevard
Hauppauge, New York 11788
http://www.barronseduc.com

International Standard Book No. 0-7641-2385-8

Library of Congress Catalog Card No. 2002027925

Library of Congress Cataloging-in-Publication Data
Cossard, Monique
    Mastering French : hear it, speak it, write it, read it / developed for the Foreign Service Institute Department of State by Monique Cossard and Robert Salazar. —2nd ed.
        p. cm.
    ISBN 0-7641-2385-8 (alk. paper)
        1. French language—Textbooks for foreign speakers—English.   I. Salazar, Robert J.
II. Foreign Service Institute (U.S.)   III. Title

PC2129.E5 C67   2003
448.2'421—dc21   2002027925

A large portion of the text of this book is recorded on the accompanying tapes or CDs. Their contents are described in the accompanying booklet.

Statements about France and its culture were adapted from *French at a Glance* by Gail Stein, *French Now!* by Christopher Kendris, *Learn French the Fast and Fun Way* by Elisabeth B. Leete, and *1001 Pitfalls in French* by James H. Grew and Daniel D. Olivier.

PRINTED IN THE UNITED STATES OF AMERICA

9 8 7 6 5 4 3 2 1

CONTENTS

ACKNOWLEDGMENTS

French Basic Course (Revised) [the original course developed by the Foreign Service Institute] draws heavily on the 1960 French Basic Course by Dan Desberg and associates and incorporates the 1967 French Supplementary Exercises by Robert Salazar. It owes a debt to the many people who have contributed to the evolution of language instruction since the establishment of the Foreign Service Institute. One member of the staff in the early years whose part should be especially recognized is Naomi Pekmezian, first supervisor of French instruction at FSI.

Monique Cossard planned the revision, coordinated the efforts of the many staff members participating in the work, and revised the grammar notes which, in their earlier form, had presented difficulties to students. The dialogues, of which she was the author in the 1960 edition, remain unchanged.

With only minor exceptions, all parts of the volume have been tape recorded. Alain Mornu served as chairman of the recording group and Mr. Salazar served as consultant. Voices on the recordings are those of David Deceuninck, Elizabeth Barnett de Maynadier, Bernadette Ernould, Annie Goldmark, Paulette Martin, Annie Procopio, Jacqueline Taylor, Ketty Blanchy Thompson, Mr. Mornu and Mr. Salazar. The recordings were made in the FSI studio under the technical direction of Jose Ramirez, with help from Albert Whiting. Mr. Mornu checked and edited the tape recordings and cross referenced the printed text to the tapes.

The volume was typed by Francine Haughey, who, with Mr. Mornu, Mr. Deceuninck and Catherine Hanna, did the proofreading of the French portions. The English portions were proofread by Joann Tench Meeks. The work has had the benefit of feedback from all members of the French teaching staff and valuable counsel from Dr. C. Cleland Harris, Chairman of the Romance Language Department.

The Foreign Service Institute Basic Course Series is edited by Augustus A. Koski.

James R. Frith, Dean
School of Language Studies
Foreign Service Institute
Department of State

FOREWORD

MASTERING FRENCH is part of a series of language courses being presented by Barron's Educational Series, Inc. Intended for serious language students, these courses have been designed to help you achieve the fluency needed to take part in both casual conversations and serious discussions.

This French course is the first section of the course developed by the Foreign Service Institute of the Department of State to train members of the Foreign Service. It can be used with an instructor in a classroom situation, but makes an ideal course for self-instruction. Students can repeat the material as often as necessary to absorb it completely. The drills also make an excellent supplement to a regular classroom course of study.

Each of the first five units in this course begins with a dialogue about a particular topic, and then discusses four or five grammar points, generally in non-technical terms. Unit six is a review of the material covered to that point.

The five units also include the following:

1. *A dialogue* to provide a body of natural French conversation as a source for subsequent drills and exercises.
2. *Useful words* to supplement the vocabulary with a limited number of additional words, usually related to the topic of the dialogue.
3. *Vocabulary awareness* to enable the student to better identify the elements of the utterances he learned as a whole and to regroup and review vocabulary.
4. *Drills* of six different kinds, each type designed for a specific purpose.
    a. *Lexical drills* to manipulate already acquired vocabulary and improve fluency.
    b. *Learning drills* to introduce new grammar points (with reference to the corresponding grammar notes).
    c. *Practice drills* to give the student an opportunity to illustrate in sentences the grammar point he just covered.
    d. *Question*
    e. *Answer* $>$ *drills* to prepare the student for normal conversation.
    f. *Review drills*
       (Drills preceded by an (*) have been included for optional use with fast-moving students.)
5. *Situations* to improve comprehension and serve as a basis for questions and elementary conversation.
6. *Written exercises* to offer to the student opportunity to relate spoken language to the writing system.

Classroom Expressions

1. Asseyez-vous.	Sit down.
2. La classe commence.	The class begins.
3. Ne lisez pas.	Don't read.
4. Je ne vous entends pas.	I can't hear you.
5. Je ne vous comprends pas.	I don't understand you.
6. Vous êtes en retard.	You are late.
7. Ecoutez la phrase.	Listen to the sentence.
8. Parlez plus fort.	Speak louder.
9. Que veut dire ce mot?	What does that word mean?
10. Traduisez.	Translate.
11. Dites-moi votre nom.	Tell me your name.
12. Non/ je ne sais pas/ la lecon.	No, I don't know the lesson.
13. Ouvrez votre livre/ s'il vous plaît.	Open your book, please.
14. Répondez/ en français.	Answer in French.
15. Répétez/ tous ensemble.	Repeat all together.
16. Répétez/ après moi.	Repeat after me.
17. Répétez/ encore une fois.	Repeat once more.
18. Comment dit-on/ bonjour/ en anglais?	How does one say "Hello" in English?
19. C'est parce que/ nous sommes pressés.	It's because we're in a hurry.
20. Demandez/ à Monsieur de / fermer la porte.	Ask the gentleman to close the door.
21. Comment/ vous appelez-vous?	What is your name?
22. Je m'appelle ...	My name is ...
23. Répétez/ la question/ s'il vous plaît.	Repeat the question please.

DANS LA RUE

Dialogue

Dans la rue	*On the street*
dans	in, on
rue (f)	street

Mr. Lelong and Mrs. Durand are going to have lunch together. En route, Mrs. Durand notices Janine Courtois, the daughter of friends.

MME DURAND

Tiens, voilà Mademoiselle Courtois.	Well, there's Miss Courtois.
tiens	(exclamation indicating surprise)
voilà	here is, here are
Mademoiselle	Miss

Bonjour, Janine.	Hello, Janine.

MLLE COURTOIS

Bonjour, Madame. Comment allez-vous?	Hello, Mrs. Durand. How are you?
Madame	Madam
comment	how
aller (allez-vous)	to go (do you go)
vous	you

MME DURAND

Très bien, merci.	Fine, thanks.
très	very
bien	well
merci	thank you

Permettez-moi de vous présenter Monsieur Lelong.	May I introduce Mr. Lelong to you.
permettre de	to permit
moi	me
présenter	to present
Monsieur	Mister

M. LELONG

Je suis heureux de faire votre connaissance, Mademoiselle.	I'm happy to meet you, Miss Courtois.
être (je suis)	to be (I am)
heureux	happy
heureux de	happy to

faire   to make, to do
votre   your
connaissance (f)   acquaintance

MLLE COURTOIS

Bonjour, Monsieur.   How do you do, Mr. Lelong.

MME COURTOIS

Avez-vous des nouvelles   Do you have news from your brother?
de votre frère?

  avoir (avez-vous)   to have (do you have)
  nouvelles (f)   news
  de votre   from your
  frère (m)   brother

MLLE COURTOIS

Oui, merci. Il est à Lyon   Yes, thank you. He's in Lyon now.
maintenant.

  oui   yes
  être (il est)   to be (he is)
  à   in
  maintenant   now

MME DURAND

Vos parents sont-ils   Are your parents still on vacation?
toujours en vacances?

  vos   your
  parents (m)   parents
  etre (sont-ils)   to be (are they)
  toujours   always, still
  en   in, on
  vacances (f)   vacation

MLLE COURTOIS

Oui, et ma soeur   Yes, and my sister is with them.
est avec eux.

  et   and
  ma   my
  soeur (f)   sister
  avec   with
  eux   them

MME DURAND

Transmettez-leur   Send them my best regards.
mon meilleur souvenir.

transmettre	to transmit
leur	them
mon	my
meilleur	best
souvenir (m)	regards

MLLE COURTOIS

Je n'y manquerai pas.	I certainly will.
ne … pas	not
manquer à	to fail to

Excusez-moi, je suis pressée.	Excuse me, I'm in a hurry.
excuser	to excuse
pressée	in a hurry

A bientôt, j'espère.	See you soon, I hope.
bientôt	soon
espérer (j'espère)	to hope (I hope)

MME DURAND

| Au revoir, Janine. | Good-bye, Janine. |

MLLE COURTOIS

| Au revoir, Monsieur. | Good-bye, Mr. Lelong. |

M. LELONG

| Au revoir, Mademoiselle. (Madame Durand et Monsieur Lelong) | Good-bye, Miss Courtois. (Mrs. Durand and Mr. Lelong) |

MME DURAND

Quelle heure est-il?	What time is it?
quelle	which
heure (f)	hour
il	it

M. LELONG

| Il est une heure. | It's one o'clock. |
| une | one, a, an |

MME DURAND

Où allons-nous déjeuner?	Where are we going to have lunch?
où	where
aller (allons-nous)	to go (do we go)
déjeuner	to have lunch

M. LELONG

Voulez-vous aller au Café de Paris?	Do you want to go to the Café de Paris?

vouloir (voulez-vous)	to want (do you want)
au	at the, to the
café (m)	coffee, cafe
Café de Paris	Café de Paris (name of a restaurant)

MME DURAND

Oui, c'est un très bon restaurant.	Yes, it's a very good restaurant.

c'est	it is, that is
bon	good
restaurant (m)	restaurant

M. LELONG

Et il est près d'ici.	And it's nearby.

près (de)	near, close
ici	here

Useful Words

1. Mon frère va bien.	My brother feels fine.
2. *Mon père va* bien.	My father feels fine.
3. *Mon fils va* bien.	My son feels fine.
4. *Mon mari va* bien.	My husband feels fine.
5. *Mon enfant* va bien.	My child feels fine.
6. *Mon ami va* bien.	My friend feels fine.
7. *Il va* bien.	He feels fine.

1. Ma soeur va bien.	My sister feels fine.
2. *Ma mère va* bien.	My mother feels fine.
3. *Ma fille va* bien.	My daughter feels fine.
4. *Ma femme va* bien.	My wife feels fine.
5. *Mon amie va* bien.	My friend feels fine.
6. *Elle va* bien.	She feels fine.

1. Va-t-elle au café?	Is she going to the cafe?
2. Va-t-elle *à Paris*?	Is she going to Paris?
3. Va-t-elle *au restaurant*?	Is she going to the restaurant?
4. Va-t-elle *à Lyon*?	Is she going to Lyon?

1. Va-t-il en classe?	Is he going to class?
2. Va-t-il *au café*?	Is he going to the cafe?
3. Va-t-il *en vacances*?	Is he going on vacation?
4. Va-t-il *au restaurant*?	Is he going to the restaurant?

1. Où allez-vous?	Where are you going?
2. Où *allons-nous?*	Where are we going?
3. Où *va-t-il?*	Where is he going?
4. Où *va-t-elle?*	Where is she going?

1. Quand allez-vous à Paris?	When are you going to Paris?
2. Quand *allons-nous à Lyon?*	When are we going to Lyon?
3. Quand *allez-vous au café?*	When are you going to the cafe?
4. Quand *allons-nous au restaurant?*	When are we going to the restaurant?

1. Pourquoi va-t-elle à Lyon?	Why is she going to Lyon?
2. *Quand* va-t-elle à Lyon?	When is she going to Lyon?
3. *Avec qui* va-t-elle à Lyon?	With whom is she going to Lyon?
4. *A quelle heure* va-t-elle à Lyon?	At what time is she going to Lyon?

1. Je sais qu'il est une heure.	I know it's one o'clock.
2. Je sais *qu'elle est ici.*	I know she's here.
3. Je sais *qu'elle va bien.*	I know she's feeling fine.
4. Je sais *qu'ils sont pressés.*	I know they're in a hurry.
5. Je sais *qu'elles sont pressées.*	I know they're in a hurry.

1. J'espère que c'est ici.	I hope it's here.
2. J'espère *que c'est bon.*	I hope it's good.
3. J'espère *que vous avez des nouvelles.*	I hope you have (some) news.
4. J'espère *que nous allons déjeuner.*	I hope we're going to lunch.
5. J'espère *que vous allez bien.*	I hope you're feeling fine.

Vocabulary Awareness

(not recorded)

on the street	dans la rue
the street	la rue
on, in	dans
to make	faire
How are you?	Comment allez-vous?
how	comment

very well	très bien
well	bien
very	très
very happy	très heureux
very much in a hurry	très pressé
very late	très en retard
louder	plus fort
very loud	très fort

now	maintenant
at what time	à quelle heure
what time	quelle heure
what	quelle

one o'clock	une heure
one hour	une heure
at one o'clock	à une heure
always, still	toujours
always late	toujours en retard
once more, once again	encore une fois
once	une fois
again	encore
on vacation	en vacances
near here	près d'ici
near	près
here	ici
still here	toujours ici
see you soon	à bientôt
your brother	votre frère
your acquaintance	votre connaissance
your	votre
your wife	votre femme
your daughter	votre fille
your mother	votre mère
your name	votre nom
your parents	vos parents
your	vos
your brothers	vos frères
Are they on vacation?	Sont-ils en vacances?
Where are they?	Où sont-ils?
Are they here?	Sont-ils ici?
Are they still here?	Sont-ils toujours ici?
Are they in a hurry?	Sont-ils pressés?
with them	avec eux
with	avec
with my sister	avec ma soeur
with my mother	avec ma mère
with Janine	avec Janine

LEXICAL DRILLS

Lexical A–1

1. Je suis heureux de faire votre connaissance.
2. *Il est heureux* de faire votre connaissance.
3. *Mon frère est heureux* de faire votre connaissance.
4. *Mon père est heureux* de faire votre connaissance.
5. *Ils sont heureux* de faire votre connaissance.
6. *Mon frère est heureux* de faire votre connaissance.
7. *Mon ami est heureux* de faire votre connaissance.
8. *Je suis heureux* de faire votre connaissance.

LEXICAL A–2

1. Je suis heureux de faire votre connaissance.
2. Je suis heureux de *parler français.*
3. Je suis heureux de *déjeuner avec vous.*
4. Je suis heureux de *parler anglais.*
5. Je suis heureux de *transmettre les nouvelles.*
6. Je suis heureux de *présenter mon ami.*
7. Je suis heureux de *déjeuner au restaurant.*
8. Je suis heureux de *faire votre connaissance.*

LEXICAL A–3

1. Je suis heureux d'être à Paris.
2. Je suis heureux *d'aller au café.*
3. Je suis heureux *d'être ici.*
4. Je suis heureux *d'écouter les nouvelles.*
5. Je suis heureux *d'être avec eux.*
6. Je suis heureux *d'aller à Paris.*
7. Je suis heureux *d'être en retard.*
8. Je suis heureux *d'écouter votre ami.*
9. Je suis heureux *d'être près d'ici.*
10. Je suis heureux *d'aller au restaurant.*
11. Je suis heureux *d'être au café.*
12. Je suis heureux *d'être à Paris.*

LEXICAL A–4

1. Il est à Lyon.
2. *Vos parents sont* à Lyon.
3. *Ils sont* à Lyon.
4. *Vos soeurs sont* à Lyon.
5. *Elles sont* à Lyon.
6. *Mon père est* à Lyon.
7. *Ma soeur est* à Lyon.
8. *Elle est* à Lyon.
9. *Il est* à Lyon.

LEXICAL A–5

1. Il est à Lyon.
2. Il est *au café.*
3. Il est *à Paris.*
4. Il est *en retard.*
5. Il est *en vacances.*
6. Il est *au restaurant.*
7. Il est *au café.*
8. Il est *à Lyon.*

LEXICAL A–6

1. Sont-ils toujours en vacances?
2. *Sont-elles toujours* en vacances?
3. *Est-il toujours* en vacances?
4. *Est-elle toujours* en vacances?
5. *Allons-nous toujours* en vacances?
6. *Sont-ils toujours* en vacances?

LEXICAL A–7

1. Sont-ils toujours à Paris?
2. Sont-ils toujours *à Lyon?*
3. Sont-ils toujours *au café?*
4. Sont-ils toujours *au restaurant?*
5. Sont-ils toujours *en classe?*
6. Sont-ils toujours *en vacances?*
7. Sont-ils toujours *à l'heure?*
8. Sont-ils toujours *en retard?*
9. Sont-ils toujours *à Paris?*

LEXICAL A–8

1. Sont-ils toujours en vacances?
2. Sont-ils toujours *pressés?*
3. Sont-ils toujours *heureux?*
4. Sont-ils toujours *à l'heure?*
5. Sont-ils toujours *français?*
6. Sont-ils toujours *ensemble?*
7. Sont-ils toujours *près d'ici?*
8. Sont-ils toujours *en retard?*
9. Sont-ils toujours *en vacances?*

LEXICAL A–9

1. Où allons-nous déjeuner?
2. *Où va-t-elle* déjeuner?
3. *Où va-t-il* déjeuner?
4. *Où allez-vous* déjeuner?
5. *Où voulez-vous* déjeuner?
6. *Où allons-nous* déjeuner?

End of Tape 1A

LEXICAL A–10
1. Il est à Lyon maintenant.
2. *Il est anglais* maintenant.
3. *Il est français* maintenant.
4. *Il est pressé* maintenant.
5. *Il est en retard* maintenant.
6. *Il est à Paris* maintenant.
7. *Il est à l'heure* maintenant.
8. *Il est heureux* maintenant.
9. *Il est pressé* maintenant.
10. *Il est à Lyon* maintenant.

LEXICAL A–11
1. Voilà Mademoiselle Courtois.
2. Voilà *le restaurant.*
3. Voilà *le café.*
4. Voilà *Paris.*
5. Voilà *votre frère.*
6. Voilà *le livre.*
7. Voilà *la porte.*
8. Voilà *vos parents.*
9. Voilà *ma soeur.*
10. Voilà *mon ami.*
11. Voilà *Mademoiselle Courtois.*

LEXICAL A–12
1. Ecoutez la phrase.
2. *Je ne sais pas* la phrase.
3. *Ne lisez pas* la phrase.
4. *Dites-moi* la phrase.
5. *Je n'entends pas* la phrase.
6. *Traduisez* la phrase.
7. *Lisez* la phrase.
8. *Je ne comprends pas* la phrase.
9. *Ecoutez* la phrase.

LEXICAL A–13
1. C'est un bon restaurant.
2. C'est un bon *livre.*
3. C'est un bon *café.*
4. C'est un bon *souvenir.*
5. C'est un bon *frère.*
6. C'est un bon *Français.*
7. C'est un bon *restaurant.*

LEXICAL A–14
1. Avez-vous des nouvelles de votre frère?
2. Avez-vous des nouvelles de *votre soeur?*
3. Avez-vous des nouvelles de *votre père?*
4. Avez-vous des nouvelles de *votre ami?*
5. Avez-vous des nouvelles de *votre femme?*
6. Avez-vous des nouvelles de *votre mère?*
7. Avez-vous des nouvelles de *votre fille?*
8. Avez-vous des nouvelles de *votre fils?*
9. Avez-vous des nouvelles de *votre mari?*
10. Avez-vous des nouvelles de *votre frère?*

UNIT 1

LEXICAL A–15

1. Permettez-moi de vous présenter Monsieur Lelong.
2. Permettez-moi de vous présenter *Madame Durand.*
3. Permettez-moi de vous présenter *mon fils.*
4. Permettez-moi de vous présenter *Mademoiselle Courtois.*
5. Permettez-moi de vous présenter *mon frère.*
6. Permettez-moi de vous présenter *mon ami.*
7. Permettez-moi de vous présenter *ma soeur.*
8. Permettez-moi de vous présenter *Monsieur Lelong.*

LEXICAL A–16

1. Je ne sais pas où elles sont.
2. Je ne sais pas *où il va.*
3. Je ne sais pas *où vous allez.*
4. Je ne sais pas *où il est.*
5. Je ne sais pas *où il va.*
6. Je ne sais pas *où nous allons.*
7. Je ne sais pas *où elles sont.*
8. Je ne sais pas *où elle est.*
9. Je ne sais pas *où elles sont.*

*LEXICAL B–1

1. Nous sommes pressés.
2. *Il est* pressé.
3. Il est *francais.*
4. *Ils sont* français.
5. Ils sont *près d'ici.*
6. *Elle est* près d'ici.
7. Elle est *pressée.*
8. *Nous sommes* pressés.

*LEXICAL B–2

1. Je suis heureux d'être à Paris.
2. Je suis heureux *d'être ici.*
3. *Ils sont heureux* d'être ici.
4. Ils sont heureux *d'être en vacances.*
5. *Il est heureux* d'être en vacances.
6. Il est heureux *d'être avec eux.*
7. *Nous sommes heureux* d'être avec eux.
8. Nous sommes heureux *d'être à Paris.*
9. *Je suis heureux* d'être à Paris.

*LEXICAL B–3

1. Sont-ils toujours en vacances?
2. *Sont-elles* toujours en vacances?
3. Sont-elles toujours *ici?*
4. *Est-il* toujours ici?
5. Est-il toujours *au café?*
6. *Est-elle* toujours au café?
7. Est-elle toujours *en vacances?*
8. *Sont-ils* toujours en vacances?

*LEXICAL B–4

1. Quand allez-vous au café?
2. Quand allez-vous *au restaurant?*
3. Quand *allons-nous* au restaurant?
4. *Pourquoi* allons-nous au restaurant?
5. Pourquoi allons-nous *à Paris?*
6. Pourquoi *va-t-il* à Paris?
7. *Avec qui* va-t-il à Paris?
8. Avec qui va-t-il *au café?*
9. Avec qui *allez-vous* au café?
10. *Quand* allez-vous au café?

*Optional drills for fast-moving students

neuf / 9

QUESTIONS ON THE DIALOGUE

1. Comment va Janine?
2. Où est le frère de Janine?
3. Où sont les parents de Janine?
4. Janine est pressée?
5. Quelle heure est-il?
6. Mme Durand va déjeuner au restaurant?
7. Elle va déjeuner à une heure?
8. Elle va déjeuner avec Janine?
9. Où est le Café de Paris?
10. C'est un bon restaurant?

Elle va bien.
Il est à Lyon.
Ils sont en vacances.
Oui, elle est pressée.
Il est une heure.
Oui, elle va déjeuner au restaurant.
Oui, elle va déjeuner à une heure.
Non, elle va déjeuner avec Monsieur Lelong.
Il est près d'ici.
Oui, c'est un bon restaurant.

GRAMMAR 1: NOUN-MARKERS

Grammar Note (not recorded)

In French, nouns are marked for gender and number by one of six different kinds of forms which precede them. Traditionally, these are called:

a. Definite articles.
b. Indefinite articles.
c. Cardinal numbers.
d. Demonstrative adjectives.
e. Possessive adjectives.
f. Indefinite articles.

We group them together syntactically under the label *noun-markers*. In fact a noun can be defined as any single form which is preceded by one of these noun-markers.

Definite articles *le, la, l', les*

The French definite article that corresponds to English "the" has several shapes:

Singular

le occurs in front of some French singular nouns that begin with a consonant:

le restaurant	the restaurant
le frère	the brother

la occurs in front of all other French singular nouns that begin with a consonant:

la rue	the street
la soeur	the sister

These two shapes do not occur indiscriminately, i.e., "connaissance" can be preceded only by *la* and never by *le* and "restaurant" only by *le* and never by *la*. This permits classification of all French nouns into two classes, called genders, which play a major role in French grammar. Although most nouns do not refer to sex at all, the two noun classes are traditionally labelled masculine for *le* and feminine for *la*.

l' occurs in front of French singular nouns that begin with a vowel and is pronounced as part of the first syllable of those nouns:

l'ami (la-mi)	the friend
l'enfant (len-fant)	the child

This does not mean that a noun that begins with a vowel is neither masculine nor feminine, but simply that there is no distinctive mark of gender present in the definite article preceding it.

Plural

les occurs in front of French plural nouns:

les parents	the parents
les amis	the friends

Remember: When *les* is followed by a noun beginning with a vowel, the s of *les* is pronounced like a z at the beginning of that word.

Tabulating the shapes:

Singular	feminine	la	l'
	masculine	le	
Plural	masc. & fem.	les	

Singular

Voilà la porte.
Voilà la classe.

Plural

Voilà les portes.
Voilà les classes.

(see L.2–Gr.1)

Voilà le livre.
Voilà le restaurant.

Voilà les livres.
Voilà les restaurants.

(see L.1–Gr.1)

Voilà l'ami.
Voilà l'enfant.

Voilà les amis.
Voilà les enfants.

(see L.5–Gr.1)

LEARNING DRILLS

LEARNING **1**
1. Voilà le livre.
2. Voilà *les livres.*
3. Voilà *le restaurant.*
4. Voilà *les restaurants.*
5. Voilà *le café.*
6. Voilà *les cafés.*

LEARNING **2**
1. Voilà la porte.
2. Voilà *les portes.*
3. Voilà *la leçon.*
4. Voilà *les leçons.*
5. Voilà *la classe.*
6. Voilà *les classes.*

LEARNING **3**
1. Voilà le livre.
2. Voilà *la porte.*
3. Voilà *le restaurant.*
4. Voilà *la leçon.*
5. Voilà *le café.*
6. Voilà *la classe.*

LEARNING **4**
1. Voilà le livre.
2. Voilà *l'heure.*
3. Voilà *le restaurant.*
4. Voilà *l'enfant.*
5. Voilà *le café.*
6. Voilà *l'ami.*

LEARNING **5**
1. Voilà l'heure.
2. Voilà *les heures.*
3. Voilà *l'enfant.*
4. Voilà *les enfants.*
5. Voilà *l'ami.*
6. Voilà *les amis.*

LEARNING **6**
1. Voilà l'enfant.
2. Voilà *les enfants.*
3. Voilà *la classe.*
4. Voilà *les classes.*
5. Voilà *le restaurant.*
6. Voilà *les restaurants.*
7. Voilà *les heures.*
8. Voilà *les cafés.*

PRACTICE DRILLS

PRACTICE A–1
Tutor : Où est la porte?
Student : La voilà.

1. Où est le restaurant?	Le voilà.
2. Où est la leçon?	La voilà.
3. Où est la classe?	La voilà.
4. Où est le café?	Le voilà.
5. Où est le livre?	Le voilà.

PRACTICE A–2
Tutor : Où est le père de Janine?
Student : Le voilà.

1. Où est le fils de M. Lelong?	Le voilà.
2. Où est la fille de M. et Mme Durand?	La voilà.
3. Où est le frère de Janine?	Le voilà.
4. Où est la soeur de Janine?	La voilà.
5. Où est le père de Janine?	Le voilà.
6. Où est M. Durand?	Le voilà.
7. Où est Mlle Courtois?	La voilà.
8. Où est Mme Durand?	La voilà.

PRACTICE A–3

Tutor   : Voilà le restaurant.
Student : Voilà les restaurants.

1. Voilà la classe.	Voilà les classes.
2. Voilà le frère de Janine.	Voilà les frères de Janine.
3. Voilà la soeur de Janine.	Voilà les soeurs de Janine.
4. Voilà la porte.	Voilà les portes.
5. Voilà le livre.	Voilà les livres.
6. Voilà le café.	Voilà les cafés.
7. Voilà la leçon.	Voilà les leçons.

PRACTICE A–4

Tutor   : Voilà les restaurants.
Student : Voilà le restaurant.

1. Voilà les classes.	Voilà la classe.
2. Voilà les frères de Janine.	Voilà le frère de Janine.
3. Voilà les soeurs de Janine.	Voilà la soeur de Janine.
4. Voilà les portes.	Voilà la porte.
5. Voilà les livres.	Voilà le livre.
6. Voilà les cafés.	Voilà le café.
7. Voilà les leçons.	Voilà la leçon.

PRACTICE A–5

Tutor   : Où sont les restaurants?
Student : Les voilà.

1. Où sont les enfants?	Les voilà.
2. Où sont les livres?	Les voilà.
3. Où sont les leçons?	Les voilà.
4. Où sont les amis de Janine?	Les voilà.
5. Où sont les parents de Janine?	Les voilà.

PRACTICE A–6

Tutor   : Où est Janine?
Student : La voilà.

1. Où sont les frères de Janine?	Les voilà.
2. Où est votre soeur?	La voilà.
3. Où est le livre?	Le voilà.
4. Où sont les livres?	Les voilà.
5. Où est le café?	Le voilà.
6. Où est la porte?	La voilà.
7. Où sont les amis de Janine?	Les voilà.

PRACTICE A–7

1. Où est le livre?
2. Où sont *les livres*?
3. Où est *le café*?
4. Où sont *les cafés*?
5. Où sont *les restaurants*?

6. Où est *la classe*?
7. Où est *la porte*?
8. Où sont *les portes*?
9. Où est *l'enfant*?
10. Où sont *les enfants*?
11. Où est *la leçon*?

*PRACTICE B–1

1. Où est le livre?
2. *Où sont les livres*?
3. Où est *le café*?
4. *Où sont les cafés*?
5. Où est *la classe*?
6. *Où sont les classes*?
7. Où est *l'enfant*?
8. *Où sont les enfants*?
9. Où est *la porte*?

*PRACTICE B–2

1. Les amis de Janine sont ici.
2. L'ami de Janine *est à Paris*.
3. *Les soeurs de Janine* sont à Paris.
4. La soeur de Janine *est en vacances*.
5. *Les frères de Janine* sont en vacances.
6. Le frère de Janine *est à Lyon*.
7. *Les amis de Janine* sont à Lyon.
8. L'ami de Janine *est ici*.

GRAMMAR 2: SUBJECT PRONOUNS

Grammar Note (not recorded)

Comment allez-*vous*?
Je suis heureux de faire votre connaissance, Mademoiselle.
Il est à Lyon maintenant.
Où allons-*nous* déjeuner?

A French verb is usually preceded by a noun or by one of a set of short, unstressed forms which we will define as subject pronouns. These pronouns often refer back to some person or thing previously mentioned or indicated. The subject pronouns must be followed by or preceded by a verb. This provides a handy way, incidentally, of identifying verbs. The forms are:

	je nous vous	I we you
Singular	il (m) elle (f) on (m.f.)	he she one, we, people
Plural	ils (m) elles (f)	they

Remember: Before a verb beginning with a vowel, the first person pronoun *je* is spelled *j'* and it is pronounced with the first syllable of the verb.

j'espère   I hope

*Optional drills for fast-moving students

The choice of the appropriate pronoun for the third person plural may cause difficulty. The concept is: *elles* marks plural when all the people or things referred to are feminine; *ils* marks plural in all other cases.

Vos soeurs sont près d'ici.	Your sisters are nearby.
Elles sont près d'ici.	They are nearby.
	(see L.3–Gr.2)
Les parents sont en vacances.	The parents are on vacation.
Ils sont en vacances.	They are on vacation.
	(see L.4–Gr.2)
Marie, Anne et Janine sont au restaurant.	Marie, Anne and Janine are at the restaurant.
Elles sont au restaurant.	They are at the restaurant.
	(see L.3–Gr.2)
Marie, Anne, Janine et Pierre sont à Paris.	Marie, Anne, Janine and Pierre are in Paris.
Ils sont à Paris.	They are in Paris.
	(see L.4–Gr.2)

LEARNING DRILLS

LEARNING 1

1. Ma soeur est en vacances; elle est à Paris.
2. *Ma fille est en vacances;* elle est à Paris.
3. *Mon amie Janine est en vacances;* elle est à Paris.
4. *Janine est en vacances;* elle est à Paris.
5. *Ma mère est en vacances;* elle est à Paris.
6. *Mlle Courtois est en vacances;* elle est à Paris.
7. *Mme Durand est en vacances;* elle est à Paris.
8. *Mon amie Janine est en vacances;* elle est à Paris.
9. *Ma soeur est en vacances;* elle est à Paris.

> **End of Tape 1B**
> **End of CD 1**

LEARNING 2

1. Mon frère est en vacances; il est à Paris.
2. *Mon père est en vacances;* il est à Paris.
3. *Mon ami M. Lelong est en vacances;* il est à Paris.
4. *M. Durand est en vacances;* il est à Paris.
5. *Mon fils est en vacances;* il est à Paris.
6. *Le frère de Janine est en vacances;* il est à Paris.
7. *M. Lelong est en vacances;* il est à Paris.
8. *Mon frère est en vacances;* il est à Paris.

LEARNING 3

1. Ma femme et ma fille sont en vacances; elles sont à Paris.
2. *Ma femme et ma soeur sont en vacances;* elles sont à Paris.
3. *Ma soeur et ma fille sont en vacances;* elles sont à Paris.
4. *Janine et ma soeur sont en vacances;* elles sont à Paris.
5. *Mlle Courtois et ma fille sont en vacances;* elles sont à Paris.
6. *Mme Durand et ma femme sont en vacances;* elles sont à Paris.

7. *Ma soeur et Mme Durand sont en vacances;* elles sont à Paris.
8. *Ma femme et ma fille sont en vacances;* elles sont à Paris.

LEARNING 4

1. Mon mari et mon fils sont en vacances; ils sont à Paris.
2. *Mon frère et mon mari sont en vacances;* ils sont à Paris.
3. *Non fils et mon frère sont en vacances;* ils sont à Paris.
4. *Mon frère et Janine sont en vacances;* ils sont à Paris.
5. *Janine et mon fils sont en vacances;* ils sont à Paris.
6. *M. et Mme Durand sont en vacances;* ils sont à Paris.
7. *Mon père et ma mère sont en vacances;* ils sont à Paris.
8. *Les enfants sont en vacances;* ils sont à Paris.
9. *Les parents de Janine sont en vacances;* ils sont à Paris.
10. *Ma femme et mon fils sont en vacances;* ils sont à Paris.

PRACTICE DRILLS

PRACTICE A–1

1. Mlle Courtois et ma fille sont en vacances; elles sont à Paris.
2. *Mon frère et ma soeur sont en vacances;* ils sont à Paris.
3. *Le frère de Janine est en vacances;* il est à Paris.
4. *Janine et ma soeur sont en vacances;* elles sont à Paris.
5. *M. Lelong est en vacances;* il est à Paris.
6. *Mme Durand et M. Lelong sont en vacances;* ils sont à Paris.
7. *M. et Mme Lelong sont en vacances;* ils sont à Paris.
8. *Mlle Courtois est en vacances;* elle est à Paris.
9. *Mon père et mon frère sont en vacances;* ils sont à Paris.
10. *Les parents de Janine sont en vacances;* ils sont à Paris.

PRACTICE A–2

Tutor   : Où est Janine?
Student : Elle est en vacances.

1. Où sont les enfants?	Ils sont en vacances.
2. Où sont vos filles?	Elles sont en vacances.
3. Où est Mlle Courtois?	Elle est en vacances.
4. Où est votre fils?	Il est en vacances.
5. Où sont vos fils?	Ils sont en vacances.
6. Où sont Janine et sa soeur?	Elles sont en vacances.
7. Où sont vos parents?	Ils sont en vacances.
8. Où sont votre père et votre frère?	Ils sont en vacances.

PRACTICE A–3

Tutor   : Où est votre amie Janine?
Student : Elle est ici.

1. Où est le livre?	Il est ici.
2. Où est le café?	Il est ici.
3. Où est votre frère?	Il est ici.

4. Où sont vos parents? Ils sont ici.
5. Où est Mlle Courtois? Elle est ici.
6. Où sont les livres? Ils sont ici.
7. Où est votre soeur? Elle est ici.
8. Où sont vos frères? Ils sont ici.
9. Où sont vos soeurs? Elles sont ici.
10. Où est votre fils? Il est ici.

PRACTICE A–4

Tutor   : Où sont les livres?
Student : Je ne sais pas où ils sont.

1. Où est le livre? Je ne sais pas où il est.
2. Où est Janine? Je ne sais pas où elle est.
3. Où est la classe? Je ne sais pas où elle est.
4. Où est le restaurant? Je ne sais pas où il est.
5. Où est mon frère? Je ne sais pas où il est.
6. Où est votre amie Janine? Je ne sais pas où elle est.
7. Où sont les enfants? Je ne sais pas où ils sont.
8. Où est le livre? Je ne sais pas où il est.

GRAMMAR 3: INVERSION QUESTIONS

Grammar Note (not recorded)

There are several ways of formulating questions in French. One way is to reverse the positions of the subject pronoun (sp) and the verb. This process is called inversion.

Vous avez des nouvelles. Avez-vous des nouvelles?
Ils sont en vacances. Sont-ils en vacances?
Il est à Lyon maintenant. Est-il à Lyon maintenant?
Nous allons au café. Allons-nous au café?

(see L.1,2,3–Gr.3)

Note that when the 3rd person singular ends with a vowel, a "t" is added between the verb and the pronoun.

Il va bien. Va-t-il bien?

Remember: The "t" is pronounced as part of the syllable that follows it.

Question inversion is possible only with subject pronoun and verb. When the subject is a noun, the noun remains before the verb and the appropriate pronoun must be introduced after the verb to form a question.

Vos parents sont-ils toujours en vacances? Are your parents still on vacation?
Le restaurant est-il bon? Is the restaurant good?

(see L.4–Gr.3)

LEARNING DRILLS

Learning 1
1. Voulez-vous le livre?
2. *Traduisez-vous* le livre?
3. *Avez-vous* le livre?
4. *Fermez-vous* le livre?
5. *Ouvrez-vous* le livre?
6. *Lisez-vous* le livre?
7. *Demandez-vous* le livre?
8. *Voulez-vous* le livre?

Learning 2
1. Sont-ils pressés?
2. *Est-il* pressé?
3. *Sont-elles* pressées?
4. *Est-elle* pressée?
5. *Etes-vous* pressé?
6. *Sommes-nous* pressés?

Learning 3
1. Etes-vous au café?
2. *Allez-vous* au café?
3. *Sont-elles* au café?
4. *Est-il* au café?
5. *Allons-nous* au café?
6. *Est-elle* au café?
7. *Va-t-elle* au café?
8. *Va-t-il* au café?
9. *Allez-vous* au café?
10. *Sont-ils* au café?

Learning 4
1. Vos parents sont-ils toujours en vacances?
2. *Vos amis sont-ils* toujours en vacances?
3. *Vos amies sont-elles* toujours en vacances?
4. *Votre amie est-elle* toujours en vacances?
5. *Votre ami est-il* toujours en vacances?
6. *Votre soeur est-elle* toujours en vacances?
7. *Votre frère est-il* toujours en vacances?
8. *Les enfants sont-ils* toujours en vacances?
9. *Vos filles sont-elles* toujours en vacances?
10. *Vos fils sont-ils* toujours en vacances?
11. *M. et Mme Lelong sont-ils* toujours en vacances?
12. *Votre frère et votre soeur sont-ils* toujours en vacances?
13. *Votre soeur et Janine sont-elles* toujours en vacances?

PRACTICE DRILLS

Practice A–1
Tutor   : Vous allez à Paris?
Student : Allez-vous à Paris?

1. Vous allez au restaurant?	Allez-vous au restaurant?
2. Vous parlez français?	Parlez-vous français?
3. Vous traduisez le livre?	Traduisez-vous le livre?
4. Vous fermez la porte?	Fermez-vous la porte?
5. Vous répétez la phrase?	Répétez-vous la phrase?
6. Vous lisez la leçon?	Lisez-vous la leçon?
7. Vous répondez en francais?	Répondez-vous en francais?
8. Vous écoutez la phrase?	Ecoutez-vous la phrase?
9. Vous ouvrez la porte?	Ouvrez-vous la porte?
10. Vous avez des nouvelles?	Avez-vous des nouvelles?

PRACTICE A–2

Tutor　　: Vous êtes heureux?
Student : Etes-vous heureux?

1. Vous êtes pressé?　　　　　　　　　　Etes-vous pressé?
2. Vous êtes français?　　　　　　　　　　Etes-vous français?
3. Vous êtes près d'ici?　　　　　　　　　Etes-vous près d'ici?
4. Vous êtes en retard?　　　　　　　　　Etes-vous en retard?
5. Vous êtes anglais?　　　　　　　　　　Etes-vous anglais?
6. Vous êtes au café?　　　　　　　　　　Etes-vous au café?
7. Vous êtes heureux?　　　　　　　　　　Etes-vous heureux?
8. Vous êtes M. Lelong?　　　　　　　　　Etes-vous M. Lelong?
9. Vous êtes pressé?　　　　　　　　　　　Etes-vous pressé?

PRACTICE A–3

Tutor　　: Ils sont ensemble.
Student : Sont-ils ensemble?

1. Elles sont ensemble.　　　　　　　　　Sont-elles ensemble?
2. Ils sont heureux.　　　　　　　　　　　Sont-ils heureux?
3. Il est heureux.　　　　　　　　　　　　Est-il heureux?
4. Elle est ici.　　　　　　　　　　　　　Est-elle ici?
5. Elles sont ici.　　　　　　　　　　　　Sont-elles ici?
6. Ils sont ici.　　　　　　　　　　　　　Sont-ils ici?
7. Il est anglais.　　　　　　　　　　　　Est-il anglais?
8. Ils sont anglais.　　　　　　　　　　　Sont-ils anglais?
9. Elles sont ensemble.　　　　　　　　　Sont-elles ensemble?

PRACTICE A–4

Tutor　　: Il va au café.
Student : Va-t-il au café?

1. Elle va à Lyon.　　　　　　　　　　　　Va-t-elle à Lyon?
2. Ils sont pressés.　　　　　　　　　　　Sont-ils pressés?
3. Elle est pressée.　　　　　　　　　　　Est-elle pressée?
4. Il est français.　　　　　　　　　　　　Est-il français?
5. Ils sont français.　　　　　　　　　　　Sont-ils français?
6. Il sait la leçon.　　　　　　　　　　　Sait-il la leçon?
7. Elle sait la leçon.　　　　　　　　　　Sait-elle la leçon?
8. Il va déjeuner.　　　　　　　　　　　　Va-t-il déjeuner?
9. Elle va déjeuner.　　　　　　　　　　　Va-t-elle déjeuner?

PRACTICE A–5

Tutor : Janine est à Paris.
Student : Est-elle toujours en vacances?

1. Mon père et ma mère sont à Paris.	Sont-ils toujours en vacances?
2. Mon frère est à Paris.	Est-il toujours en vacances?
3. Ma soeur est à Paris.	Est-elle toujours en vacances?
4. Les soeurs de Janine sont à Paris.	Sont-elles toujours en vacances?
5. Mlle Courtois est à Paris.	Est-elle toujours en vacances?
6. Mon frère et ma soeur sont à Paris.	Sont-ils toujours en vacances?
7. Mme Lelong et Mme Courtois sont à Paris.	Sont-elles toujours en vacances?
8. M. et Mme Lelong sont à Paris.	Sont-ils toujours en vacances?
9. Janine est à Paris.	Est-elle toujours en vacances?

PRACTICE A–6

Tutor : Janine va au restaurant.
Student : Janine va-t-elle au restaurant?

1. Les enfants sont en vacances.	Les enfants sont-ils en vacances?
2. Vos parents sont ici.	Vos parents sont-ils ici?
3. Janine est avec eux.	Janine est-elle avec eux?
4. Janine sait mon nom.	Janine sait-elle mon nom?
5. Ma soeur va à Lyon.	Ma soeur va-t-elle à Lyon?
6. Ma fille va avec eux.	Ma fille va-t-elle avec eux?
7. Janine comprend la leçon.	Janine comprend-elle la leçon?
8. La classe commence à une heure.	La classe commence-t-elle à une heure?
9. M. Lelong comprend.	M. Lelong comprend-il?
10. Ce mot est français.	Ce mot est-il français?
11. Vos filles sont en retard.	Vos filles sont-elles en retard?
12. Le restaurant est bon.	Le restaurant est-il bon?

GRAMMAR 4: THE VERB: *ÊTRE* = TO BE

Grammar Note (not recorded)

> Je suis heureux de faire votre connaissance, Mademoiselle.
> Il est à Lyon maintenant.
> Vos parents sont-ils toujours en vacances?

The most frequently occurring verb in French is *être,* "to be." Here are its forms, which vary grammatically according to the noun or subject pronoun with which it is tied:

SP ⌣ Verb

je suis	I am
il est, elle est, on est	he is, she is, one is
ils sont, elles sont	they are
nous sommes	we are
vous êtes	you are

| Verb | SP |

suis-je	am I
est-il, est-elle, est-on	is he, is she, is one
sont-ils, sont-elles	are they
sommes-nous	are we
êtes-vous	are you

LEARNING DRILLS

LEARNING 1
1. Il est pressé.
2. *Ils sont* pressés.
3. *Elle est* pressée.
4. *On est* pressé.
5. *Elles sont* pressées.
6. *Elle est* pressée.
7. *Il est* pressé.

LEARNING 2
1. Il est à Paris.
2. *Ils sont* à Paris.
3. *Elle est* à Paris.
4. *Elles sont* à Paris.
5. *On est* à Paris.
6. *Il est* à Paris.
7. *Nos amis sont* à Paris.
8. *Janine est* à Paris.

LEARNING 3
1. Ils sont ici.
2. Ils sont *en retard*.
3. Ils sont *à Paris*.
4. Ils sont *au restaurant*.
5. Ils sont *en vacances*.
6. Ils sont *au café*.
7. Ils sont *à Lyon*.
8. Ils sont *au café*.
9. Ils sont *en retard*.
10. Ils sont *ensemble*.
11. Ils sont *avec eux*.
12. Ils sont *ici*.

LEARNING 4
1. Il est fort.
2. Il est *pressé*.
3. Il est *bon*.
4. Il est *français*.
5. Il est *près d'ici*.
6. Il est *fort*.

LEARNING 5
1. Je suis en retard.
2. Je suis *avec eux*.
3. Je suis *anglais*.
4. Je suis *en vacances*.
5. Je suis *heureux*.
6. Je suis *au restaurant*.
7. Je suis *au café*.
8. Je suis *à Paris*.
9. Je suis *à Lyon*.

LEARNING 6
1. Nous sommes à Paris.
2. Nous sommes *anglais*.
3. Nous sommes *ici*.
4. Nous sommes *en retard*.
5. Nous sommes *heureux*.
6. Nous sommes *en vacances*.
7. Nous sommes *à Paris*.
8. Nous sommes *au restaurant*.
9. Nous sommes *ensemble*.
10. Nous sommes *avec eux*.

End of Tape 2A

LEARNING 7

1. Vous êtes à Paris.
2. Vous êtes *en retard*.
3. Vous êtes *à Lyon*.
4. Vous êtes *au café*.
5. Vous êtes *anglais*.
6. Vous êtes *avec eux*.
7. Vous êtes *ensemble*.
8. Vous êtes *au restaurant*.

LEARNING 8

1. Vous êtes français.
2. *Je suis* français.
3. *Ils sont* français.
4. *Nous sommes* français.
5. *On est* français.
6. *Je suis* français.
7. *Il est* français.
8. *Vous êtes* français.
9. *M. Durand est* français.

LEARNING 9

1. Etes-vous en retard?
2. *Sont-elles* en retard?
3. *Est-elle* en retard?
4. *Sont-ils* en retard?
5. *Est-il* en retard?
6. *Sommes-nous* en retard?
7. *Suis-je* en retard?
8. *Etes-vous* en retard?

PRACTICE DRILLS

PRACTICE A–1

1. Les enfants sont en retard.
2. *Je* suis en retard.
3. *Nous* sommes en retard.
4. *Janine* est en retard.
5. *M. Lelong* est en retard.
6. *M. et Mme Lelong* sont en retard.
7. *Vous* êtes en retard.
8. *Mlle Courtois et ma soeur* sont en retard.

PRACTICE A–2

1. Ils sont pressés.
2. *Nous* sommes pressés.
3. *Les enfants* sont pressés.
4. *Mon frère et ma soeur* sont pressés.
5. *Mon ami* est pressé.
6. *Janine* est pressée.
7. *Je* suis pressé.
8. *Nous* sommes pressés.

PRACTICE A–3

1. Nous sommes en retard.
2. Nous sommes *pressés*.
3. Nous sommes *au café*.
4. Nous sommes *français*.
5. Nous sommes *ici*.
6. Nous sommes *ensemble*.
7. Nous sommes *pressés*.
8. Nous sommes *heureux*.
9. Nous sommes *en retard*.

PRACTICE A–4

1. Ils sont pressés.
2. Ils sont *heureux*.
3. Ils sont *ensemble*.
4. Ils sont *bons*.
5. Ils sont *avec eux*.
6. Ils sont *forts*.
7. Ils sont *en vacances*.
8. Ils sont *français*.
9. Ils sont *anglais*.
10. Ils sont *en retard*.
11. Ils sont *pressés*.

PRACTICE A–5

1. Nous sommes en retard.
2. *Ils sont* en retard.
3. *Elle est* en retard.
4. *Ma fille est* en retard.
5. *Je suis* en retard.
6. *Ma femme est* en retard.
7. *Elles sont* en retard.
8. *Vous êtes* en retard.
9. *Nous sommes* en retard.

PRACTICE A–6

Tutor : Avez-vous des nouvelles de votre frère?
Student : Oui, merci. Il est à Lyon maintenant.

1. Avez-vous des nouvelles de Janine?   Oui, merci. Elle est à Lyon maintenant.
2. Avez-vous des nouvelles de vos parents?   Oui, merci. Ils sont à Lyon maintenant.
3. Avez-vous des nouvelles de votre soeur?   Oui, merci. Elle est à Lyon maintenant.
4. Avez-vous des nouvelles de votre frère?   Oui, merci. Il est à Lyon maintenant.
5. Avez-vous des nouvelles de vos soeurs?   Oui, merci. Elles sont à Lyon maintenant.
6. Avez-vous des nouvelles de vos frères?   Oui, merci. Ils sont à Lyon maintenant.
7. Avez-vous des nouvelles de votre fille?   Oui, merci. Elle est à Lyon maintenant.
8. Avez-vous des nouvelles de Mlle Courtois?   Oui, merci. Elle est à Lyon maintenant.

PRACTICE A–7

Tutor : Les enfants sont-ils toujours à Lyon?
Student : Non, ils sont à Paris.

1. Etes-vous toujours à Lyon?   Non, je suis à Paris.
2. Janine est-elle toujours à Lyon?   Non, elle est à Paris.
3. Vos parents sont-ils toujours avec vous?   Non, ils sont à Paris.
4. Votre frère est-il toujours ici?   Non, il est à Paris.
5. Vos filles sont-elles toujours à Lyon?   Non, elles sont à Paris.
6. Votre amie est-elle toujours à Lyon?   Non, elle est à Paris.
7. Vos fils sont-ils toujours à Lyon?   Non, ils sont à Paris.

PRACTICE A–8

Tutor : A quelle heure allez-vous déjeuner?
Student : A une heure et nous sommes en retard.

1. A quelle heure va-t-elle déjeuner?   A une heure et elle est en retard.
2. A quelle heure votre ami va-t-il déjeuner?   A une heure et il est en retard.
3. A quelle heure allez-vous déjeuner?   A une heure et je suis en retard.
4. A quelle heure Janine va-t-elle déjeuner?   A une heure et elle est en retard.
5. A quelle heure allons-nous déjeuner?   A une heure et nous sommes en retard.
6. A quelle heure votre amie va-t-elle déjeuner?   A une heure et elle est en retard.
7. A quelle heure M. Lelong va-t-il déjeuner?   A une heure et il est en retard.

8. A quelle heure Mlle Courtois va-t-elle déjeuner?

A une heure et elle est en retard.

9. A quelle heure allez-vous déjeuner?

A une heure et je suis en retard.

PRACTICE A–9

Tutor   : Etes-vous pressé?
Student : Oui, je suis pressé.

1. Sont-ils pressés? — Oui, ils sont pressés.
2. Est-il heureux? — Oui, il est heureux.
3. Sont-elles ici? — Oui, elles sont ici.
4. Est-elle à Paris? — Oui, elle est à Paris.
5. Etes-vous pressé? — Oui, je suis pressé.
6. Etes-vous ensemble? — Oui, nous sommes ensemble.
7. Sont-ils heureux? — Oui, ils sont heureux.
8. Est-elle au restaurant? — Oui, elle est au restaurant.

PRACTICE A–10

Tutor   : Je suis à Paris.
Student : Etes-vous en vacances?
Tutor   : Oui, je suis en vacances.

1. Ma soeur est à Paris. — Est-elle en vacances?
   Oui, elle est en vacances.
2. Mon frère est à Paris. — Est-il en vacances?
   Oui, il est en vacances.
3. Mon père et ma mère sont à Paris. — Sont-ils en vacances?
   Oui, ils sont en vacances.
4. Janine est à Paris. — Est-elle en vacances?
   Oui, elle est en vacances.
5. Je suis à Paris. — Etes-vous en vacances?
   Oui, je suis en vacances.
6. Mlle Courtois est à Paris. — Est-elle en vacances?
   Oui, elle est en vacances.
7. Mon fils et ma fille sont à Paris. — Sont-ils en vacances?
   Oui, ils sont en vacances.

QUESTION DRILL

1. Bonjour Monsieur. Comment allez-vous?
2. Avez-vous des nouvelles de vos amis?
3. Etes-vous heureux d'être ici?
4. Quelle heure est-il?
5. Etes-vous pressé?
6. Pourquoi êtes-vous pressé?
7. Où allons-nous déjeuner?
8. Le restaurant est-il bon?
9. Est-il près d'ici?
10. Avec qui allez-vous déjeuner?

RESPONSE DRILL

1. Demandez à ... s'il est en retard.
2. Répondez que vous êtes pressé.
3. Demandez à ... pourquoi il est en retard.
4. Dites que vous ne savez pas.
5. Demandez à ... où il va.
6. Dites que vous allez déjeuner.
7. Demandez à ... s'il va au Café de Paris.
8. Dites que Janine et vous allez au restaurant.
9. Dites à ... que le Café de Paris est très bon.
10. Demandez à ... où il est.
11. Dites que vous êtes au café.
12. Demandez à ... quelle heure il est.
13. Dites qu'il est une heure.
14. Dites-moi que votre soeur est en vacances.
15. Demandez à ... où elle est.
16. Dites qu'elle est à Lyon.
17. Demandez avec qui elle est.

REVIEW DRILLS

REVIEW 1
1. Je suis heureux de faire votre connaissance.
2. *Nous sommes heureux* de faire votre connaissance.
3. *Ils sont heureux* de faire votre connaissance.
4. *Mon ami est heureux* de faire votre connaissance.
5. *Il est heureux* de faire votre connaissance.
6. *Mon frère est heureux* de faire votre connaissance.
7. *Nous sommes heureux* de faire votre connaissance.
8. *Je suis heureux* de faire votre connaissance.

REVIEW 2
1. Je ne sais pas s'ils sont en vacances.
2. Je ne sais pas *s'il est en vacances.*
3. Je ne sais pas *s'il est en retard.*
4. Je ne sais pas *s'ils sont au café.*
5. Je ne sais pas *s'il va au restaurant.*
6. Je ne sais pas *s'il va à Paris.*
7. Je ne sais pas *s'ils sont à l'heure.*
8. Je ne sais pas *s'ils sont avec eux.*

REVIEW 3
1. Je ne sais pas si elles sont en vacances.
2. Je ne sais pas *si elle est à Paris.*
3. Je ne sais pas *si elle est au restaurant.*
4. Je ne sais pas *si elle va être en retard.*
5. Je ne sais pas *si c'est un bon restaurant.*

6. Je ne sais pas *si le café est près d'ici.*
7. Je ne sais pas *si elles sont ensemble.*
8. Je ne sais pas *si elle va déjeuner.*
9. Je ne sais pas *si les livres sont ici.*

REVIEW 4

Tutor   : C'est bon.
Student : Oui, je sais que c'est bon.

1. C'est ici.	Oui, je sais que c'est ici.
2. Il va à Paris.	Oui, je sais qu'il va à Paris.
3. Elles sont pressées.	Oui, je sais qu'elles sont pressées.
4. Il est en vacances.	Oui, je sais qu'il est en vacances.
5. Ils sont anglais.	Oui, je sais qu'ils sont anglais.
6. C'est près d'ici.	Oui, je sais que c'est près d'ici.
7. Elle est pressée.	Oui, je sais qu'elle est pressée.
8. Ils sont en retard.	Oui, je sais qu'ils sont en retard.

REVIEW 5

1. Dites-moi que vous êtes pressé.
2. Dites-moi que votre frère est pressé.
3. Dites-moi de fermer la porte.
4. Dites-moi que je suis en retard.
5. Dites-moi que vous êtes avec eux.
6. Dites-moi qu'ils sont près d'ici.
7. Dites-moi de parler plus fort.
8. Dites-moi que vous n'y manquerez pas.
9. Dites-moi que vous êtes heureux de faire ma connaissance.

WRITTEN EXERCISES

(not recorded)

EXERCISE 1

Traduisez les phrases suivantes. (Translate the following sentences)

1. Je ne comprends pas ce mot.   _____

2. Maintenant, traduisez la phrase.   _____

3. Les enfants sont toujours en retard.   _____

4. Avez-vous des nouvelles de votre mari?   _____

5. Ils sont ensemble au restaurant.   _____

6. J'espère qu'elle va bien maintenant.   _____

7. Allons-nous déjeuner près d'ici? _____

8. Où allez-vous aller? _____

9. Le bon restaurant est dans la rue de Lyon. _____

10. Comment allez-vous à Paris? _____

11. Avec qui sont-ils en vacances? _____

12. Janine va-t-elle à Paris avec eux? _____

13. Excusez-moi, je ne vous entends pas. _____

14. Voulez-vous parler plus fort? _____

15. Votre frère et votre soeur sont-ils avec vous? _____

EXERCISE 2

Convert the following sentences into questions.

Example: Il est à Paris. Est-il à Paris?

1. M. Durand est en vacances. _____

2. Votre frère est à Lyon. _____

3. Ils sont au restaurant. _____

4. Elle va à Lyon. _____

5. Vous avez votre livre. _____

6. Janine est en classe. _____

7. Mme Durand va au restaurant. _____

8. Nous allons à Paris. _____

9. La classe commence à 9 heures. _____

10. M. et Mme Lelong sont en retard. _____

EXERCISE 3

Say in French that:

1. You are in a hurry. Je suis pressé. _____

2. He is happy. _____

3. The Durands are on vacation. _____

4. We are late. _____

5. He is going to Paris. _____

6. You don't know where she is. _____

7. The class begins at one o'clock. _____

8. The books are here. _____

9. We are going to have lunch at _____
   one o'clock.

10. They are French. _____

11. You understand. _____

12. You don't hear me. _____

EXERCISE 4
  Ask in French:

1. Where the restaurant is. Où est le restaurant? _____

2. What time it is. _____

3. If he is late. _____

4. If he is nearby. _____

5. If she is on vacation. _____

6. When he is going to Paris. _____

7. If we are going to the restaurant. _____

8. At what time the class begins. _____

9. How one says this word in French. _____

10. Where I am going. _____

(**Answers on pages 174–175**)

> **End of Tape 2B***
> **End of CD 2***

*Tape 2B and CD 2 actually end on page 32 of this book because they cover the dialogues for listening and repetition of Unit 2. However, Tape 3A and CD 3 start on page 29 and cover the dialogue for fluency of the same unit.

DANS UN PETIT HÔTEL

Dialogue

Dans un petit hôtel   *In a small hotel*

 petit   small
 hôtel (m)   hotel

Mr. Day goes into a small hotel to rent a room.
His family will be joining him in a week and he
will need two rooms at that time.

LE GERENT   *THE MANAGER*

Que désirez-vous,   May I help you, sir?
Monsieur?

 que   what
 désirer   to desire

M. DAY

Je voudrais une   I'd like a room with bath.
chambre avec
salle de bains.

 vouloir   to want
 (je voudrais)   (I would like)
 chambre (f)   bedroom
 salle de bains (f)   bathroom

LE GERANT

Vous êtes seul?   You're alone?

 seul   alone

M. DAY

Oui, pour quelques jours. Yes, for a few days.

 pour   for
 quelques   a few
 jour (m)   day

LE GERANT

Eh bien! Nous avons   Well then, we have a nice room on the
une jolie chambre au   second floor. (The French do not include
premier étage.   the ground floor when numbering floors.)

 Eh bien!   in that case
 avoir (nous avons) to have (we have)
 jolie   nice
 premier   first
 étage (m)   floor

M. DAY

Voulez-vous me la montrer?	Will you show it to me?
me	me, to me
la	it
montrer	to show

LE GERANT

La femme de chambre va vous y conduire.	The chambermaid will take you there.
femme de chambre (f)	chambermaid
y	there
conduire	to drive, to lead
(Ils montent)	(They go upstairs)
monter	to go up, to take up

LA FEMME DE CHAMBRE

Voici la chambre, Monsieur.	Here's the room, sir.

M. DAY

Je vous remercie, elle me convient tout à fait.	Thank you. It suits me just fine.
remercier	to thank
convenir (elle convient)	to suit (it suits)
tout à fait	completely

LA FEMME DE CHAMBRE

Je vais faire apporter vos bagages.	I'll have your luggage brought up.
aller (je vais)	to go (I am going)
apporter (faire apporter)	to bring (to have brought)
bagages (m.pl)	luggage

M. DAY

C'est ça, et réveillez-moi demain à sept heures.	Fine, and wake me tomorrow at seven.
ça	that
réveiller	to wake
demain	tomorrow
sept	seven

(Quelques jours plus tard)	(A few days later)
plus	more
tard	late

LE GERANT

Vous désirez quelque chose, Monsieur?	Did you wish something, sir?
quelque chose	something

M. DAY

Oui, je voudrais changer de chambre.	Yes, I'd like to change rooms.
changer (de)	to change

LE GERANT

Vous n'êtes pas satisfait?	You're not satisfied?
satisfait	satisfied

M. DAY

Si, mais ma famille arrive ce soir.	Yes, but my family arrives this evening.
si	yes (affirmative answer to a negative question)
mais	but
famille (f)	family
arriver	to arrive
ce	this, that
soir (m)	evening

LE GERANT

Ah! Je vois.	Oh, I see.
voir	to see

M. DAY

Avez-vous des chambres communicantes?	Do you have any connecting rooms?
communicantes	connecting

LE GERANT

Oui, nous en avons plusieurs de libres aujourd'hui.	Yes, we have several vacant today.

en	of them
avoir (nous avons)	to have (we have)
plusieurs	several
libre	vacant, free
aujourd'hui	today

M. DAY

C'est parfait.	That's fine.
c'est	it is
parfait	perfect

LE GERANT

Voulez-vous remplir ces fiches?	Would you fill out these forms?
remplir	to fill
ces	these, those
fiche (f)	form

M. DAY

Oui, je vais les remplir tout de suite.	Yes, I'll fill them out right away.
les	them
tout de suite	right away
Avez-vous la monnaie de cent euros?	Do you have change for one hundred euros?
monnaie (f)	change, currency
cent	one hundred (hundred)
euro (m)	euros

LE GERANT

| Voici, Monsieur. | Here you are, sir. |

M. DAY

| Merci beaucoup. | Thank you very much. |
| beaucoup | much |

LE GERANT

| Je vous en prie. | You're welcome. |
| prier | to pray |

Useful Words

1. Il est une heure.	It's one o'clock.
2. Il est *deux heures.*	It's two o'clock.
3. Il est *trois heures.*	It's three o'clock.
4. Il est *quatre heures.*	It's four o'clock.
5. Il est *cinq heures.*	It's five o'clock.
6. Il est *six heures.*	It's six o'clock.
7. Il est *sept heures.*	It's seven o'clock.
8. Il est *huit heures.*	It's eight o'clock.
9. Il est *neuf heures.*	It's nine o'clock.
10. Il est *dix heures.*	It's ten o'clock.
11. Il est *onze heures.*	It's eleven o'clock.
12. Il est *midi.*	It's noon.
13. Il est *minuit.*	It's midnight.

1. Ma famille arrive à trois heures.	My family arrives at three o'clock.
2. Ma famille arrive *à trois heures et quart.*	My family arrives at a quarter past three.
3. Ma famille arrive *à trois heures et demie.*	My family arrives at half past three.
4. Ma famille arrive *à quatre heures moins le quart.*	My family arrives at a quarter to four.
5. Ma famille arrive *à quatre heures.*	My family arrives at four o'clock.

1. Il est une heure.	It's one o'clock.
2. Il est *une heure cinq.*	It's five past one.
3. Il est *une heure dix.*	It's ten past one.
4. Il est *une heure et quart.*	It's a quarter past one.
5. Il est *une heure vingt.*	It's twenty past one.
6. Il est *une heure vingt cinq.*	It's twenty-five past one.
7. Il est *une heure et demie.*	It's half past one.
8. Il est *deux heures moins vingt-cinq.*	It's twenty-five to two.
9. Il est *deux heures moins vingt.*	It's twenty to two.
10. Il est *deux heures moins le quart.*	It's a quarter to two.
11. Il est *deux heures moins dix.*	It's ten to two.
12. Il est *deux heures moins cinq.*	It's five to two.
13. Il est *deux heures.*	It's two o'clock.

1. Combien font deux et deux?	How much is two and two?
2. Combien font *trois et trois?*	How much is three and three?
3. Combien font *un et un?*	How much is one and one?
4. Combien font *dix et dix?*	How much is ten and ten?
5. Combien font *cinq et cinq?*	How much is five and five?
6. Combien font *quatre et quatre?*	How much is four and four?
7. Combien font *huit et huit?*	How much is eight and eight?
8. Combien font *neuf et neuf?*	How much is nine and nine?

Vocabulary Awareness

(not recorded)

a small hotel	un petit hôtel
the hotel	l'hôtel
a small restaurant	un petit restaurant
the restaurant	le restaurant
a small cafe	un petit café
the Café de Paris	le Café de Paris
the coffee	le café
small	petit
tomorrow	demain
today	aujourd'hui
tonight, this evening	ce soir
tomorrow night	demain soir
now	maintenant
when	quand
tell me when	dites-moi quand
why	pourquoi
tell me why	dites-moi pourquoi
right away	tout de suite
quite, completely	tout à fait
the change	la monnaie
the bathroom	la salle de bain
the bath	le bain
the first floor	le premier étage
the floor	l'étage
the first day	le premier jour
the day	le jour
first	premier
but	mais
if you please	s'il vous plaît
if	si
to take you there	vous y conduire
there	y
how much, how many	combien
how	comment
several	plusieurs
many	beaucoup
very	très
alone	seul
all together	tous ensemble
together	ensemble
with them	avec eux
with whom	avec qui
with me	avec moi

LEXICAL DRILLS

LEXICAL A–1

1. La femme de chambre va vous y conduire.
2. *Mademoiselle Courtois* va vous y conduire.
3. *Mon ami* va vous y conduire.
4. *Ma femme* va vous y conduire.
5. *Elle* va vous y conduire.
6. *Mon fils* va vous y conduire.
7. *Il* va vous y conduire.
8. *Le gérant* va vous y conduire.
9. *Janine* va vous y conduire.
10. *La femme de chambre* va vous y conduire.

LEXICAL A–2

1. Que désirez-vous, Monsieur?
2. *Où allez-vous*, Monsieur?
3. *Que voulez-vous*, Monsieur?
4. *Où êtes-vous*, Monsieur?
5. *Où sommes-nous*, Monsieur?
6. *Qu'avez-vous*, Monsieur?
7. *Que dites-vous*, Monsieur?
8. *Que répondez-vous*, Monsieur?
9. *Que dit-on*, Monsieur?
10. *Que désirez-vous*, Monsieur?

LEXICAL A–3

1. Vous n'êtes pas satisfait?
2. Vous n'êtes pas *heureux*?
3. Vous n'êtes pas *en retard*?
4. Vous n'êtes pas *seul*?
5. Vous n'êtes pas *avec eux*?
6. Vous n'êtes pas *pressé*?
7. Vous n'êtes pas *libre*?
8. Vous n'êtes pas *au restaurant*?
9. Vous n'êtes pas *en vacances*?
10. Vous n'êtes pas *français*?
11. Vous n'êtes pas *satisfait*?

LEXICAL A–4

1. Voici la chambre, Monsieur.
2. Voici *le livre*, Monsieur.
3. Voici *le restaurant*, Monsieur.
4. Voici *la femme de chambre*, Monsieur.
5. Voici *les bagages*, Monsieur.
6. Voici *le café*, Monsieur.
7. Voici *la salle de bains*, Monsieur.
8. Voici *le gérant*, Monsieur.
9. Voici *la monnaie*, Monsieur.
10. Voici *la chambre*, Monsieur.

LEXICAL A–5

1. Nous avons une jolie chambre au premier étage.
2. *Je voudrais* une jolie chambre au premier étage.
3. *Voici* une jolie chambre au premier étage.
4. *C'est* une jolie chambre au premier étage.
5. *Vous avez* une jolie chambre au premier étage.
6. *Vous voulez* une jolie chambre au premier étage.
7. *Il voudrait* une jolie chambre au premier étage.
8. *Nous avons* une jolie chambre au premier étage.

Lexical A–6

1. Je vais les remplir tout de suite.
2. Je vais les remplir *maintenant*.
3. Je vais les remplir *ce soir*.
4. Je vais les remplir *aujourd'hui*.
5. Je vais les remplir *demain soir*.
6. Je vais les remplir *à midi*.
7. Je vais les remplir *à huit heures*.
8. Je vais les remplir *tout de suite*.

Lexical A–7

1. Vous êtes seul?
2. Vous êtes *pressé*?
3. Vous êtes *heureux*?
4. Vous êtes *français*?
5. Vous êtes *en retard*?
6. Vous êtes *libre*?
7. Vous êtes *satisfait*?
8. Vous êtes *en vacances*?
9. Vous êtes *près d'ici*?
10. Vous êtes *à Paris*?
11. Vous êtes *seul*?

Lexical A–8

1. Elle me convient tout à fait.
2. *Il* me convient tout à fait.
3. *Le café* me convient tout à fait.
4. *Le restaurant* me convient tout à fait.
5. *L'hôtel* me convient tout à fait.
6. *La chambre* me convient tout à fait.
7. *La salle de bains* me convient tout à fait.
8. *Paris* me convient tout à fait.
9. *Elle* me convient tout à fait.

Lexical A–9

1. C'est parfait.
2. C'est *bon*.
3. C'est *joli*.
4. C'est *Paris*.
5. C'est *la salle de bains*.
6. C'est *moi*.
7. C'est *pour demain*.
8. C'est *pour ce soir*.
9. C'est *pour plus tard*.
10. C'est *parfait*.

Lexical A–10

1. Je vais les remplir tout de suite.
2. *Nous allons* les remplir tout de suite.
3. *Elle va* les remplir tout de suite.
4. *Je voudrais* les remplir tout de suite.
5. *J'espère* les remplir tout de suite.
6. *Ils montent* les remplir tout de suite.
7. *Je monte* les remplir tout de suite.
8. *Il va* les remplir tout de suite.
9. *Elle monte* les remplir tout de suite.
10. *Vous allez* les remplir tout de suite.
11. *Je vais* les remplir tout de suite.

Lexical A–11

1. Voulez-vous me la montrer?
2. *Allez-vous* me la montrer?
3. *Va-t-il* me la montrer?
4. *Va-t-elle* me la montrer?
5. *Voulez-vous* me la montrer?

Lexical A–12

1. Que désirez-vous, Monsieur?
2. *Que voulez-vous*, Monsieur?
3. Que voulez-vous, *Mademoiselle*?
4. *Que dites-vous*, Mademoiselle?
5. Que dites-vous, *Madame*?
6. *Où allez-vous*, Madame?
7. Où allez-vous, *Monsieur*?
8. *Que désirez-vous*, Monsieur?

*LEXICAL B–1

1. Vous êtes seul.
2. *Ils sont* seuls.
3. Ils sont *pressés.*
4. *Elle est* pressée.
5. Elle est *en retard.*
6. *Nous sommes* en retard.
7. Nous sommes *ensemble.*
8. *Elles sont* ensemble.
9. Elles sont *seules.*
10. *Vous êtes* seul.

*LEXICAL B–2

1. Je voudrais une chambre avec salle de bains.
2. Je voudrais *deux chambres communicantes.*
3. *Nous avons* deux chambres communicantes.
4. Nous avons *la monnaie de cent euros.*
5. *Il a* la monnaie de cent euros.
6. Il a *les bagages.*
7. *Je voudrais* les bagages.
8. Je voudrais *une chambre avec salle de bains.*

*LEXICAL B–3

1. Sont-ils toujour(s) en vacances?
2. *Est-elle toujour(s)* en vacances?
3. Est-elle toujour(s) *en retard?*
4. *Sont-elles toujour(s)* en retard?
5. Sont-elles toujour(s) *ensemble?*
6. *Sont-ils toujour(s)* ensemble?
7. Sont-ils toujour(s) *avec eux?*
8. *Est-il toujour(s)* avec eux?
9. Est-il toujour(s) *en vacances?*
10. *Sont-ils toujour(s)* en vacances?

*Lexical B–4
1. Voulez-vous me la montrer?
2. *Allez-vous* me la montrer?
3. Allez-vous *me la présenter?*
4. *Désirez-vous* me la présenter?
5. Désirez-vous *me la répéter?*
6. *Voulez-vous* me la répéter?
7. Voulez-vous *me la dire?*
8. *Allez-vous* me la dire?
9. Allez-vous *me la montrer?*
10. *Voulez-vous* me la montrer?

*Lexical B–5
1. Voulez-vous changer de chambre?
2. *Allez-vous* changer de chambre?
3. Allez-vous *remplir les fiches?*
4. *Allons-nous* remplir les fiches?
5. Allons-nous *apporter les bagages?*
6. *Va-t-il* apporter les bagages?
7. Va-t-il *déjeuner plus tard?*
8. *Désirez-vous* déjeuner plus tard?
9. Désirez-vous *changer de chambre?*
10. *Voulez-vous* changer de chambre?

> **End of Tape 3A**

*Lexical B–6
1. Je voudrais changer de chambre.
2. *Nous allons* changer de chambre.
3. Nous allons *changer d'hôtel.*
4. *Elle voudrait* changer d'hôtel.
5. Elle voudrait *changer d'étage.*
6. *On va* changer d'étage.
7. On va *changer de classe.*
8. *Vous allez* changer de classe.
9. Vous allez *changer de livre.*
10. *J'espère* changer de livre.
11. J'espère *changer de chambre.*
12. *Je voudrais* changer de chambre.

*Lexical B–7
1. Ma famille arrive ce soir.
2. Ma famille arrive *demain.*
3. *Le gérant arrive* demain.
4. Le gérant arrive *à midi.*
5. *Janine arrive* à midi.
6. Janine arrive *plus tard.*
7. *Ma soeur arrive* plus tard.
8. Ma soeur arrive *aujourd'hui.*
9. *Les bagages arrivent* aujourd'hui.
10. Les bagages arrivent *ce soir.*
11. *Ma famille arrive* ce soir.

*Lexical B–8
1. Vous désirez quelque chose, Monsieur?
2. *Vous voulez* quelque chose, Monsieur?
3. Vous voulez *une chambre,* Monsieur?
4. Vous voulez une chambre, *Madame?*
5. *Vous avez* une chambre, Madame?
6. Vous avez *vos bagages,* Madame?
7. Vous avez vos bagages, *Mademoiselle?*
8. *Vous voulez* vos bagages, Mademoiselle?
9. Vous voulez *quelque chose,* Mademoiselle?
10. Vous voulez quelque chose, *Monsieur?*
11. *Vous désirez* quelque chose, Monsieur?

QUESTIONS ON THE DIALOGUE

1. Où est M. Day? — M. Day est dans un petit hôtel.
2. Que voudrait-il? — Il voudrait une chambre avec salle de bains.
3. Est-il seul? — Oui, pour quelques jours.
4. A quel étage est la chambre? — La chambre est au premier étage.

5. Le gérant va-t-il conduire M. Day au premier étage? — Non, la femme de chambre va conduire M. Day au premier étage.
6. La chambre convient-elle à M. Day? — Oui, elle convient tout à fait à M. Day.
7. M. Day va-t-il monter les bagages? — Non, la femme de chambre va faire apporter les bagages.
8. A quelle heure la femme de chambre va-t-elle réveiller M. Day? — Elle va réveiller M. Day à 7 heures.
9. M. Day va-t-il changer de chambre tout de suite? — Non, il va changer de chambre quelques jours plus tard.
10. M. Day n'est-il pas satisfait? — Si, il est satisfait.
11. Quand la famille de M. Day arrive-t-elle? — La famille de M. Day arrive ce soir.
12. Le gérant a-t-il des chambres communicantes? — Oui, il a des chambres communicantes.
13. Sont-elles libres? — Oui, elles sont libres.
14. M. Day va-t-il remplir des fiches? — Oui, il va remplir des fiches.
15. Quand? — Tout de suite.
16. Le gérant a-t-il la monnaie de cent euros? — Oui, il a la monnaie de cent euros.

GRAMMAR 1: NOUN-MARKERS

Grammar Note (not recorded)

Indefinite articles *un, une, des*

The French noun-marker that corresponds to English "a" or "an" has the following shapes:

Singular:

une occurs before feminine singular nouns:

une chambre	a bedroom
une amie	a friend

(see L.1–Gr.1)

un occurs before masculine singular nouns:

un frère	a brother
un restaurant	a restaurant
un étage	a floor
un ami	a friend

(see L.3–Gr.1)

Plural

As a rule, French nouns have to be preceded by a noun-marker in the plural form as well as in the singular form.

des is the plural form for the indefinite article.

ils ont un enfant	they have a child
ils ont des enfants	they have children

(for practical purposes, *des* has been translated as *some*)

des restaurants	some restaurants
des chambres	some bedrooms

Noun-Markers Review

We have learned so far that:

Singular

A feminine noun beginning with a consonant can be preceded by *la* or *une*.

| la chambre | the bedroom |
| une chambre | a bedroom |

A masculine noun beginning with a consonant can be preceded by *le* or *un*.

| le livre | the book |
| un livre | a book |

Any noun beginning with a vowel can be preceded by *l'* or *un/une*.

l'enfant	the child
un enfant	a child
l'heure	the hour

Plural

Nouns can be preceded by *les* or *des*.

les chambres	the bedrooms
des chambres	some bedrooms
les amis	the friends
des amis	some friends

LEARNING DRILLS

LEARNING 1
1. Avez-vous une fiche?
2. Avez-vous *une chambre*?
3. Avez-vous *une soeur*?
4. Avez-vous *une fille*?
5. Avez-vous *une salle de bains*?
6. Avez-vous *une femme de chambre*?
7. Avez-vous *une classe*?

LEARNING 2
1. Ils ont une fiche.
2. Ils ont *des fiches*.
3. Ils ont *une soeur*.
4. Ils ont *des soeurs*.
5. Ils ont *une nouvelle*.
6. Ils ont *des nouvelles*.
7. Ils ont *une chambre*.
8. Ils ont *des chambres*.
9. Ils ont *une salle de bains*.
10. Ils ont *des salles de bains*.

LEARNING 3
1. Ils ont un restaurant.
2. Ils ont *un café*.
3. Ils ont *un livre*.
4. Ils ont *un jour*.
5. Ils ont *un frère*.
6. Ils ont *un fils*.
7. Ils ont *un soir*.

1. Ils ont un étage. (not recorded)
2. Ils ont *un hôtel*.
3. Ils ont *un ami*.
4. Ils ont *un enfant*.

LEARNING 4
1. Ils ont un restaurant.
2. Ils ont *des restaurants*.
3. Ils ont *un livre*.
4. Ils ont *des livres*.
5. Ils ont *un café*.
6. Ils ont *des cafés*.
7. Ils ont *un frère*.
8. Ils ont *des frères*.
9. Ils ont *un fils*.
10. Ils ont *des fils*.

LEARNING 5
1. Voilà un hôtel très bien.
2. *Voilà des hôtels* très bien.
3. *Voilà un enfant* très bien.
4. *Voilà des enfants* très bien.
5. *Voilà un ami* très bien.
6. *Voilà des amis* très bien.
7. *Voilà une amie* très bien.
8. *Voilà des amies* très bien.

LEARNING 6
1. Avez-vous une fiche?
2. Avez-vous *des fiches?*
3. Avez-vous *un ami?*
4. Avez-vous *des amis?*
5. Avez-vous *un livre?*
6. Avez-vous *des livres?*
7. Avez-vous *une amie?*
8. Avez-vous *des amies?*
9. Avez-vous *un enfant?*
10. Avez-vous *des enfants?*
11. Avez-vous *une question?*
12. Avez-vous *des questions?*
13. Avez-vous *une nouvelle?*
14. Avez-vous *des nouvelles?*

PRACTICE DRILLS

PRACTICE A–1
Tutor   : Avez-vous des enfants?
Student : Oui, nous avons un enfant.

1. Avez-vous des livres?
2. Avez-vous des frères?
3. Avez-vous des fiches?
4. Avez-vous des soeurs?
5. Avez-vous des questions?
6. Avez-vous des chambres?
7. Avez-vous des enfants?

Oui, nous avons un livre.
Oui, nous avons un frère.
Oui, nous avons une fiche.
Oui, nous avons une soeur.
Oui, nous avons une question.
Oui, nous avons une chambre.
Oui, nous avons un enfant.

PRACTICE A–2
Tutor   : Avez-vous plusieurs frères?
Student : Non, j'ai un frère.

1. Avez-vous plusieurs soeurs?
2. Avez-vous plusieurs fiches?
3. Avez-vous plusieurs jours?
4. Avez-vous plusieurs questions?
5. Avez-vous plusieurs chambres?
6. Avez-vous plusieurs salles de bains?
7. Avez-vous plusieurs étages?

Non, j'ai une soeur.
Non, j'ai une fiche.
Non, j'ai un jour.
Non, j'ai une question.
Non, j'ai une chambre.
Non, j'ai une salle de bains.
Non, j'ai un étage.

PRACTICE A–3
1. Ils ont un frère.
2. Ils ont une *soeur.*
3. Ils ont une *fiche.*
4. Ils ont des *bagages.*
5. Ils ont une *fille.*
6. Ils ont un *fils.*
7. Ils ont une *chambre.*

(use *des* only when necessary)

8. Ils ont un *café.*
9. Ils ont un *restaurant.*
10. Ils ont des *vacances.*
11. Ils ont un *livre.*
12. Ils ont un *hôtel.*

PRACTICE A–4

Tutor   : Voilà les bagages.
Student : Voilà des bagages.

Tutor   : Voilà le café.
Student : Voilà un café.

1. Voilà l'hôtel.	Voilà un hôtel.
2. Voilà le livre.	Voilà un livre.
3. Voilà les livres.	Voilà des livres.
4. Voilà la classe.	Voilà une classe.
5. Voilà la question.	Voilà une question.
6. Voilà la chambre.	Voilà une chambre.
7. Voilà le café.	Voilà un café.
8. Voilà la fiche.	Voilà une fiche.
9. Voilà le restaurant.	Voilà un restaurant.

PRACTICE A–5

Tutor   : Voilà votre salle de bains.
Student : Voilà une salle de bains.

Tutor   : Voilà vos bagages.
Student : Voilà des bagages.

1. Voilà votre chambre.	Voilà une chambre.
2. Voilà vos bagages.	Voilà des bagages.
3. Voilà votre café.	Voilà un café.
4. Voilà votre fiche.	Voilà une fiche.
5. Voilà vos livres.	Voilà des livres.
6. Voilà votre porte.	Voilà une porte.
7. Voilà vos fiches.	Voilà des fiches.
8. Voilà votre livre.	Voilà un livre.
9. Voilà votre classe.	Voilà une classe.
10. Voilà votre restaurant.	Voilà un restaurant.

GRAMMAR 2: NOUN-MARKERS

Grammar Note (not recorded)

Cardinal Numbers

Il est une heure.
Réveillez-moi à sept heures.
Combien font deux et deux?

Some cardinal number noun-markers are pronounced in a different way according to what follows.

1. un, une	6. six	11. onze	16. seize
2. deux	7. sept	12. douze	17. dix-sept
3. trois	8. huit	13. treize	18. dix-huit
4. quatre	9. neuf	14. quatorze	19. dix-neuf
5. cinq	10. dix	15. quinze	

It may be noted that *un/une* is the only number which carries an indication of gender.

LEARNING DRILLS

LEARNING 1
1. Elle a dix ans.
2. Elle a *six ans.*
3. Elle a *trois ans.*
4. Elle a *deux ans.*
5. Elle a *treize ans.*
6. Elle a *quatorze ans.*
7. Elle a *seize ans.*
8. Elle a *quinze ans.*

LEARNING 2
1. Il y a dix livres.
2. Il y a *six livres.*
3. Il y a *trois livres.*
4. Il y a *deux livres.*
5. Il y a *dix livres.*
6. Il y a *six livres.*
7. Il y a *trois livres.*
8. Il y a *deux livres.*

LEARNING 3
1. Il a onze ans.
2. Il a *onze fiches.*
3. Il a *douze ans.*
4. Il a *douze fiches.*
5. Il a *treize ans.*
6. Il a *treize fiches.*
7. Il a *quatorze ans.*
8. Il a *quatorze fiches.*
9. Il a *quinze ans.*
10. Il a *quinze fiches.*
11. Il a *seize ans.*
12. Il a *seize fiches.*

LEARNING 4
1. Il a quatre ans.
2. Il a *cinq ans.*
3. Il a *sept ans.*
4. Il a *huit ans.*
5. Il a *neuf ans.*
6. Il a *dix-sept ans.*
7. Il a *dix-huit ans.*
8. Il a *dix-neuf ans.*

LEARNING 5
1. Ils ont cinq livres.
2. Ils ont *dix livres.*
3. Ils ont *huit livres.*
4. Ils ont *un livre.*
5. Ils ont *deux livres.*
6. Ils ont *six livres.*

LEARNING 6
1. Il a neuf ans.
2. Il a *neuf euros.*
3. Il a *neuf livres.*
4. Il a *sept ans.*
5. Il a *sept euros.*
6. Il a *un an.*
7. Il a *un euro.*
8. Il a *dix-sept ans.*
9. Il a *dix-sept euros.*

PRACTICE DRILLS

PRACTICE A–1
1. Il a neuf ans.
2. Il a neuf *euros.*
3. Il a neuf *amis.*
4. Il a neuf *livres.*
5. Il a neuf *étages.*
6. Il a neuf *chambres.*
7. Il a neuf *ans.*

PRACTICE A–2
1. Il a cinq ans.
2. Il a cinq *euros.*
3. Il a cinq *amis.*
4. Il a cinq *fiches.*
5. Il a cinq *soeurs.*
6. Il a cinq *étages.*
7. Il a cinq *livres.*

PRACTICE A–3

1. Il a dix ans.
2. Il a dix *euros.*
3. Il a dix *étages.*
4. Il a dix *livres.*

5. Il a dix *hôtels.*
6. Il a dix *euros.*
7. Il a dix *enfants.*

PRACTICE A–4

Tutor   : Est-il huit heures?
Student : Non, il est neuf heures.

1. Est-il dix heures?
2. Avez-vous neuf fiches?
3. Avez-vous sept fiches?
4. Est-il sept heures?
5. Est-il une heure?
6. Déjeune-t-il à midi?
7. Avez-vous quatre livres?
8. Y a-t-il six livres?
9. Avez-vous sept euros?
10. Votre fille a-t-elle huit enfants?
11. C'est la chambre quatre?

Tutor   : Y a-t-il cinq fiches?
Student : Non, il y a six fiches.

Non, il est onze heures.
Non, j'ai dix fiches.
Non, j'ai huit fiches.
Non, il est huit heures.
Non, il est deux heures.
Non, il déjeune à une heure.
Non, j'ai cinq livres.
Non, il y a sept livres.
Non, j'ai huit euros.
Non, elle a neuf enfants.
Non, c'est la chambre cinq.

> **End of Tape 3B**
> **End of CD 3**

PRACTICE A–5

Tutor   : Je déjeune à midi. Et vous?
Student : Je déjeune à une heure.

1. J'ai la chambre neuf. Et vous?
2. J'ai quatre soeurs. Et vous?
3. J'ai dix-huit ans. Et vous?
4. J'arrive à six heures. Et vous?
5. J'ai huit heures. Et vous?
6. J'arrive à dix heures. Et vous?
7. J'ai deux fiches. Et vous?
8. J'ai la chambre six. Et vous?
9. J'ai six euros. Et vous?
10. J'ai cinq euros. Et vous?

J'ai la chambre dix.
J'ai cinq soeurs.
J'ai dix-neuf ans.
J'arrive à sept heures.
J'ai neuf heures.
J'arrive à onze heures.
J'ai trois fiches.
J'ai la chambre sept.
J'ai sept euros.
J'ai six euros.

GRAMMAR 3: NEGATIVE ADVERB: *NE ... PAS*

Grammar Note (not recorded)

Je n'y manquerai pas.
Je ne vous entends pas.

A verb is negated by the presence of *ne* before it and *pas* after it:

Lisez.   Read.
Ne lisez pas.   Do not read.

Before a vowel, *n'* must occur instead of *ne:*

Vous êtes satisfait?	You're satisfied?
Vous n'êtes pas satisfait?	You're not satisfied?

(see L.1,4,5,6-Gr.3)

When verb and subject pronoun are inverted, they are considered as an indivisible unit:

Est-il?	Is he?
N'est-il pas?	Isn't he?
Sont-elles?	Are they?
Ne sont-elles pas?	Aren't they?

Here is the verb "être" in its negative forms:

Je ne suis pas.	I am not.
Il n'est pas. (elle, on)	He is not. (she, one)
Ils ne sont pas. (elles)	They are not.
Nous ne sommes pas.	We are not.
Vous n'êtes pas.	You are not.

Inverted

Ne suis-je pas?	Am I not?
N'est-il pas? (elle, on)	Is he not? (she, one)
Ne sont-ils pas? (elles)	Are they not?
Ne sommes-nous pas?	Are we not?
N'êtes-vous pas?	Are you not?

LEARNING DRILLS

LEARNING 1
1. Elle n'est pas à l'hôtel.
2. Nous *n'allons pas* à l'hôtel.
3. *Il n'est pas* à l'hôtel.
4. *Il n'arrive pas* à l'hôtel.
5. *Vous n'allez pas* à l'hôtel.
6. *Mon frère n'est pas* à l'hôtel.
7. *Vous n'êtes pas* à l'hôtel.
8. *Nous n'allons pas* à l'hôtel.
9. *Les bagages n'arrivent pas* à l'hôtel.
10. *Elle n'est pas* à l'hôtel.

LEARNING 2
1. Je ne vais pas bien.
2. *Je ne comprends pas* bien.
3. *Vous ne parlez pas* bien.
4. *Vous ne répétez pas* bien.
5. *Je ne vois pas* bien.
6. *Je ne vais pas* bien.

LEARNING 3
1. Il ne comprend pas bien.
2. *Elle ne va pas* bien.
3. *Elle ne voit pas* bien.
4. *Il ne va pas* bien.
5. *Il ne voit pas* bien.
6. *Elle ne comprend pas* bien.
7. *Il ne voit pas* bien.

LEARNING 4
1. Nous n'allons pas bien.
2. *Vous n'écoutez pas* bien.
3. *Je n'entends pas* bien.
4. *Vous n'allez pas* bien.
5. *Elle n'entend pas* bien.
6. *Nous n'allons pas* bien.
7. *Il n'entend pas* bien.
8. *Nous n'allons pas* bien.

LEARNING 5
1. Ce n'est pas mon frère.
2. Ce n'est pas *mon père.*
3. Ce n'est pas *ma soeur.*
4. Ce n'est pas *ma fiche.*
5. Ce n'est pas *ma chambre.*
6. Ce n'est pas *mon hôtel.*
7. Ce n'est pas *mon café.*

LEARNING 6
1. Ce n'est pas pressé.
2. Ce n'est pas *anglais.*
3. Ce n'est pas *français.*
4. Ce n'est pas *bon.*
5. Ce n'est pas *libre.*
6. Ce n'est pas *joli.*
7. Ce n'est pas *parfait.*
8. Ce n'est pas *très bien.*
9. Ce n'est pas *très fort.*

PRACTICE DRILLS

PRACTICE A–1
1. Je ne vais pas déjeuner.
2. *Nous* n'allons pas déjeuner.
3. *Mlle Courtois* ne va pas déjeuner.
4. *Vous* n'allez pas déjeuner.
5. *M. Lelong* ne va pas déjeuner.
6. *Nous* n'allons pas déjeuner.
7. *Je* ne vais pas déjeuner.

PRACTICE A–2
1. Vous ne déjeunez pas.
2. Vous n'*écoutez* pas.
3. Vous ne *parlez* pas.
4. Vous ne *changez* pas.
5. Vous ne *traduisez* pas.
6. Vous n'*ecoutez* pas.
7. Vous ne *répondez* pas.
8. Vous n'*ouvrez* pas.
9. Vous ne *déjeunez* pas.

PRACTICE A–3
Tutor   : Elle arrive à deux heures?
Student : Non, elle n'arrive pas à deux heures.

1. Il arrive aujourd'hui?
2. Il entend bien?
3. Elle arrive ce soir?
4. Elle est en vacances?
5. Il est à l'hôtel?
6. Elle entend bien?
7. Il a la monnaie?
8. Il est ici?
9. Elle a les bagages?

Non, il n'arrive pas aujourd'hui.
Non, il n'entend pas bien.
Non, elle n'arrive pas ce soir.
Non, elle n'est pas en vacances.
Non, il n'est pas à l'hôtel.
Non, elle n'entend pas bien.
Non, il n'a pas la monnaie.
Non, il n'est pas ici.
Non, elle n'a pas les bagages.

PRACTICE A–4
Tutor   : Il monte?
Student : Non, il ne monte pas.

1. Elle comprend?
2. Il sait?
3. Elle monte?
4. Elle voit?
5. Il change?
6. Il commence?
7. Il comprend?
8. Il voit?
9. Elle commence?

Non, elle ne comprend pas.
Non, il ne sait pas.
Non, elle ne monte pas.
Non, elle ne voit pas.
Non, il ne change pas.
Non, il ne commence pas.
Non, il ne comprend pas.
Non, il ne voit pas.
Non, elle ne commence pas.

PRACTICE A–5

Tutor   : Vos amis sont-ils heureux?
Student : Non, ils ne sont pas heureux.

1. Arrive-t-elle en retard?	Non, elle n'arrive pas en retard.
2. Est-il en retard?	Non, il n'est pas en retard.
3. Etes-vous pressé?	Non, je ne suis pas pressé.
4. Va-t-il au restaurant?	Non, il ne va pas au restaurant.
5. A-t-elle la chambre 12?	Non, elle n'a pas la chambre 12.
6. La classe commence-t-elle à 8h?	Non, elle ne commence pas à 8 heures.
7. Votre fille est-elle pressée?	Non, elle n'est pas pressée.
8. M. Durand est-il avec eux?	Non, il n'est pas avec eux.
9. Change-t-elle à Paris?	Non, elle ne change pas à Paris.
10. Va-t-elle en vacances?	Non, elle ne va pas en vacances.
11. Allez-vous au café?	Non, je ne vais pas au café.
12. Comprend-elle le français?	Non, elle ne comprend pas le français.
13. Le gérant est-il au premier étage?	Non, il n'est pas au premier étage.
14. Les bagages sont-ils à l'hôtel?	Non, ils ne sont pas à l'hôtel.
15. Etes-vous pressé?	Non, je ne suis pas pressé.
16. Les Durand sont-ils satisfaits?	Non, ils ne sont pas satisfaits.
17. Janine sait-elle la leçon?	Non, elle ne sait pas la leçon.
18. Les chambres sont-elles communicantes?	Non, elles ne sont pas communicantes.

PRACTICE A–6

Tutor   : C'est mon frère?
Student : Non, ce n'est pas votre frère.

1. C'est mon père?	Non, ce n'est pas votre père.
2. C'est ma soeur?	Non, ce n'est pas votre soeur.
3. C'est ma fiche?	Non, ce n'est pas votre fiche.
4. C'est ma chambre?	Non, ce n'est pas votre chambre.
5. C'est mon hôtel?	Non, ce n'est pas votre hôtel.
6. C'est mon ami?	Non, ce n'est pas votre ami.
7. C'est mon café?	Non, ce n'est pas votre café.

PRACTICE A–7

Tutor   : C'est pressé?
Student : Non, ce n'est pas pressé.

1. C'est anglais?	Non, ce n'est pas anglais.
2. C'est français?	Non, ce n'est pas français.
3. C'est bon?	Non, ce n'est pas bon.
4. C'est libre?	Non, ce n'est pas libre.
5. C'est ici?	Non, ce n'est pas ici.
6. C'est parfait?	Non, ce n'est pas parfait.
7. C'est très bien?	Non, ce n'est pas très bien.
8. C'est fort?	Non, ce n'est pas fort.

PRACTICE A–8

Tutor : Il est pressé?	Tutor : C'est pressé?
Student : Non, il n'est pas pressé.	Student : Non, ce n'est pas pressé.

1. Ils sont en vacances?   Non, ils ne sont pas en vacances.
2. Vous êtes pressé?   Non, je ne suis pas pressé.
3. C'est ici?   Non, ce n'est pas ici.
4. C'est le restaurant?   Non, ce n'est pas le restaurant.
5. Il est à Paris?   Non, il n'est pas à Paris.
6. La chambre est-elle jolie?   Non, elle n'est pas jolie.
7. C'est bon?   Non, ce n'est pas bon.
8. C'est au café?   Non, ce n'est pas au café.
9. C'est votre chambre?   Non, ce n'est pas ma chambre.
10. Votre ami est-il français?   Non, il n'est pas français.
11. Avez-vous les livres?   Non, je n'ai pas les livres.
12. Allez-vous en vacances?   Non, je ne vais pas en vacances.
13. C'est votre chambre?   Non, ce n'est pas ma chambre.
14. C'est mon café?   Non, ce n'est pas votre café.

GRAMMAR 4: THE VERB *AVOIR* = TO HAVE

Grammar Note (not recorded)

Avez-vous des nouvelles?
Nous avons une jolie chambre au premier étage.

The second most frequently occurring verb in French is *avoir* "to have." Its forms in the present are:

SP	Verb	Verb	SP
j'ai	I have	ai-je?	have I?
il a (elle, on)	he has (she, one)	a-t-il? (elle, on)	has he? (she, one)
ils ont (elles)	they have	ont-ils (elles)	have they?
nous avons	we have	avons-nous?	have we?
vous avez	you have	avez-vous?	have you?

SP ne Verb pas	
je n'ai pas	I don't have
il n'a pas (elle, on)	he doesn't have (she, one)
ils n'ont pas (elles)	they don't have
nous n'avons pas	we don't have
vous n'avez pas	you don't have

ne Verb SP pas	
n'ai-je pas?	don't I have?
n'a-t-il pas? (elle, on)	doesn't he have? (she, one)
n'ont-ils pas? (elles)	don't they have?
n'avons-nous pas?	don't we have?
n'avez-vous pas?	don't you have?

LEARNING DRILLS

LEARNING 1
1. Nous avons la monnaie.
2. *Ils ont* la monnaie.
3. *Il a* la monnaie.
4. *Elles ont* la monnaie.
5. *Elle a* la monnaie.
6. *On a* la monnaie.
7. *Vous avez* la monnaie.
8. *J'ai* la monnaie.

LEARNING 2
1. Nous avons une jolie chambre au premier étage.
2. *J'ai* une jolie chambre au premier étage.
3. *Il a* une jolie chambre au premier étage.
4. *Ils ont* une jolie chambre au premier étage.
5. *Vous avez* une jolie chambre au premier étage.
6. *Elle a* une jolie chambre au premier étage.
7. *Elles ont* une jolie chambre au premier étage.
8. *On a* une jolie chambre au premier étage.

LEARNING 3
1. A-t-il des chambres communicantes?
2. *Avez-vous* des chambres communicantes?
3. *A-t-elle* des chambres communicantes?
4. *Avons-nous* des chambres communicantes?
5. *Ont-ils* des chambres communicantes?
6. *A-t-on* des chambres communicantes?
7. *Ont-elles* des chambres communicantes?

LEARNING 4
1. Il n'a pas les fiches.
2. *Ils n'ont pas* les fiches.
3. *Elle n'a* les fiches.
4. *Elles n'ont pas* les fiches.
5. *Nous n'avons pas* les fiches.
6. *Je n'ai pas* les fiches.
7. *On n'a pas* les fiches.
8. *Vous n'avez pas* les fiches.

LEARNING 5
1. Je n'ai pas la chambre six, j'ai la chambre dix.
2. *Je n'ai pas la chambre huit,* j'ai la chambre dix.
3. *Je n'ai pas la chambre douze,* j'ai la chambre dix.
4. *Je n'ai pas la chambre cinq,* j'ai la chambre dix.
5. *Je n'ai pas la chambre neuf,* j'ai la chambre dix.
6. *Je n'ai pas la chambre quatre,* j'ai la chambre dix.
7. *Je n'ai pas la chambre sept,* j'ai la chambre dix.
8. *Je n'ai pas la chambre quatorze,* j'ai la chambre dix.

LEARNING 6

1. Ils n'ont pas la chambre douze, ils ont la chambre dix.
2. *Ils n'ont pas la chambre six*, ils ont la chambre dix.
3. *Ils n'ont pas la chambre huit*, ils ont la chambre dix.
4. *Ils n'ont pas la chambre douze*, ils ont la chambre dix.
5. *Ils n'ont pas la chambre cinq*, ils ont la chambre dix.
6. *Ils n'ont pas la chambre neuf*, ils ont la chambre dix.
7. *Ils n'ont pas la chambre quatre*, ils ont la chambre dix.
8. *Ils n'ont pas la chambre sept*, ils ont la chambre dix.
9. *Ils n'ont pas la chambre quatorze*, ils ont la chambre dix.

PRACTICE DRILLS

PRACTICE A–1

1. Ils sont à l'hôtel; ils ont la chambre douze.
2. *Elle est à l'hôtel;* elle a la chambre douze.
3. *Il est à l'hôtel;* il a la chambre douze.
4. *Elles sont à l'hôtel;* elles ont la chambre douze.
5. *Janine est à l'hôtel;* elle a la chambre douze.
6. *Mes parents sont à l'hôtel;* ils ont la chambre douze.
7. *Mes filles sont à l'hôtel;* elles ont la chambre douze.
8. *Ils sont à l'hôtel;* ils ont la chambre douze.
9. *Elle est à l'hôtel;* elle a la chambre douze.
10. *Mon frère est à l'hôtel;* il a la chambre douze.

PRACTICE A–2

1. Ils n'ont pas la chambre treize, ils ont la chambre quatorze.
2. *Elle n'a pas la chambre treize,* elle a la chambre quatorze.
3. *Janine n'a pas la chambre treize,* elle a la chambre quatorze.
4. *Vos parents n'ont pas la chambre treize,* ils ont la chambre quatorze.
5. *On n'a pas la chambre treize,* on a la chambre quatorze.
6. *Votre frère n'a pas la chambre treize,* il a la chambre quatorze.
7. *Ma soeur n'a pas la chambre treize,* elle a la chambre quatorze.
8. *Vos soeurs n'ont pas la chambre treize,* elles ont la chambre quatorze.
9. *Il n'a pas la chambre treize,* il a la chambre quatorze.

PRACTICE A–3

1. Il a les bagages, mais il n'a pas les fiches.
2. *On a les bagages,* mais on n'a pas les fiches.
3. *J'ai les bagages,* mais je n'ai pas les fiches.
4. *Elles ont les bagages,* mais elles n'ont pas les fiches.
5. *Vous avez les bagages,* mais vous n'avez pas les fiches.
6. *Elle a les bagages,* mais elle n'a pas les fiches.
7. *Ils ont les bagages,* mais ils n'ont pas les fiches.
8. *On a les bagages,* mais on n'a pas les fiches.

PRACTICE A–4

1. Je suis à l'hôtel; j'ai la chambre douze.
2. *Elle est à l'hôtel;* elle a la chambre douze.
3. *Nous sommes à l'hôtel;* nous avons la chambre douze.
4. *On est à l'hôtel;* on a la chambre douze.
5. *Il est à l'hôtel;* il a la chambre douze.
6. *Elles sont à l'hôtel;* elles ont la chambre douze.
7. *Vos parents sont à l'hôtel;* ils ont la chambre douze.
8. *Je suis à l'hôtel;* j'ai la chambre douze.

> **End of Tape 4A**

PRACTICE A–5

Tutor : Janine est ici.
Student : A-t-elle des nouvelles de Mlle Courtois?

1. M. Lelong est ici.	A-t-il des nouvelles de Mlle Courtois?
2. Mme Durand est ici.	A-t-elle des nouvelles de Mlle Courtois?
3. Mon frère est ici.	A-t-il des nouvelles de Mlle Courtois?
4. Le gérant est ici.	A-t-il des nouvelles de Mlle Courtois?
5. Ils sont ici.	Ont-ils des nouvelles de Mlle Courtois?
6. Elle est ici.	A-t-elle des nouvelles de Mlle Courtois?
7. Elles sont ici.	Ont-elles des nouvelles de Mlle Courtois?
8. Il est ici.	A-t-il des nouvelles de Mlle Courtois?

PRACTICE A–6

Tutor : Votre soeur a-t-elle des vacances?
Student : Oui, elle a des vacances.

1. Avez-vous des vacances?	Oui, j'ai des vacances.
2. Avez-vous une chambre?	Oui, j'ai une chambre.
3. Votre ami a-t-il les fiches?	Oui, il a les fiches.
4. Votre amie a-t-elle des vacances?	Oui, elle a des vacances.
5. Avez-vous un frère?	Oui, j'ai un frère.
6. Vos amis ont-ils des vacances?	Oui, ils ont des vacances.
7. Avez-vous le livre?	Oui, j'ai le livre.
8. Vos soeurs ont-elles des livres?	Oui, elles ont des livres.

PRACTICE A–7

Tutor : Janine est-elle pressée?
Student : Oui, elle est pressée.

1. Avez-vous la monnaie?	Oui, j'ai la monnaie.
2. Janine a-t-elle la chambre 12?	Oui, elle a la chambre 12.
3. Vos amis ont-ils les fiches?	Oui, ils ont les fiches.
4. Le gérant a-t-il la fiche?	Oui, il a la fiche.
5. Etes-vous au café?	Oui, je suis au café.
6. Votre famille est-elle à l'hôtel?	Oui, elle est à l'hôtel.
7. Avez-vous une chambre?	Oui, j'ai une chambre.
8. Les enfants sont-ils ici?	Oui, ils sont ici.
9. Les enfants ont-ils des chambres communicantes?	Oui, ils ont des chambres communicantes.
10. Janine a-t-elle des vacances?	Oui, elle a des vacances.

Practice A–8

Tutor : Les enfants sont-ils pressés?
Student : Non, ils ne sont pas pressés.

1. Janine a-t-elle la chambre 14?
2. Janine est-elle au café?
3. Les enfants ont-ils les fiches?
4. Avez-vous la monnaie?
5. Vos filles ont-elles les livres?
6. Vos amis sont-ils à Paris?
7. Votre fils a-t-il le livre?
8. Votre amie a-t-elle les fiches?
9. Le restaurant est-il bon?
10. Vos amis ont-ils la chambre 10?

Non, elle n'a pas la chambre 14.
Non, elle n'est pas au café.
Non, ils n'ont pas les fiches.
Non, je n'ai pas la monnaie.
Non, elles n'ont pas les livres.
Non, ils ne sont pas à Paris.
Non, il n'a pas le livre.
Non, elle n'a pas les fiches.
Non, il n'est pas bon.
Non, ils n'ont pas la chambre 10.

SITUATIONS

SITUATION I

M. X et M. Y *se rencontrent* dans la rue.
M. X, *répondant* à M. Y., dit que *sa* femme
arrive aujourd'hui et que *ses* enfants
sont restés à Paris. Il *ajoute* qu'il a une
chambre à l'Hôtel de Lyon et qu'il est pressé.

"meet"
"replying"
"his" (sa, ses)
"stayed"
"adds"

Y. Quand votre femme arrive-t-elle?
X. Elle arrive aujourd'hui.
Y. Vos enfants sont-ils avec elle?
X. Non, ils sont toujours en
vacances à Paris.
Y. Avez-vous une chambre à l'hôtel?
X. Oui, j'en ai une à l'hôtel de Lyon.
Y. Ah! Il est près d'ici. C'est un bon hôtel?
X. Oui, très bon. Excusez-moi, je suis pressé.

SITUATION II

M. Robin va à l'hôtel. Il voudrait une
chambre pour *son* fils. M. Blanc ne sait
pas s'ils ont des chambres libres, mais
M. Robin le sait. Il *a demandé* au gérant.
M. Robin et M. Blanc *vont* déjeuner
ensemble à une heure et demie.

"his"
"asked"
"are going"

B. Où allez-vous?
R. Je vais à l'hôtel.
B. Pourquoi allez-vous à l'hôtel
maintenant?
R. Je voudrais une chambre pour mon fils.
B. Je ne sais pas s'ils ont des
chambres libres.
R. Si, ils en ont. J'ai demandé au gérant.
B. Allons-nous déjeuner ensemble?
R. Oui, à une heure et demie si vous voulez.
B. Très bien.

QUESTION DRILL

1. Allez-vous à l'hôtel ce soir?
2. Où est votre famille?
3. Combien de chambres avez-vous?
4. Déjeunez-vous avec votre famille à une heure?
5. Où déjeunez-vous?
6. A quelle heure commence la classe?
7. A quelle heure êtes-vous libre?
8. Avez-vous la monnaie de cent euros?
9. Avez-vous plusieurs soeurs?
10. Avez-vous plusieurs frères?
11. A quelle heure va-t-on déjeuner?
12. Allez-vous au restaurant?
13. Allez-vous changer de restaurant?
14. Pourquoi allez-vous changer de restaurant?

RESPONSE DRILL

1. Demandez à ... s'il a des amis ici.
2. Dites que vous avez plusieurs amis.
3. Dites que vous avez un ami français.
4. Dites que votre ami est en vacances.
5. Demandez à ... s'il a une fiche.
6. Demandez à ... s'il va remplir la fiche.
7. Demandez à ... s'il est seul.
8. Demandez à ... s'il est à l'hôtel.
9. Demandez à ... s'il est libre le soir.
10. Dites que votre chambre est petite mais très jolie.
11. Dites qu'elle vous convient tout à fait.
12. Dites que votre famille n'est pas ici.
13. Demandez à ... où il va déjeuner.
14. Dites que la femme de chambre est très jolie.
15. Dites-moi comment vous vous appelez.
16. Dites que vous allez déjeuner à une heure et quart.
17. Demandez à ... comment il va.
18. Dites que vous allez dans votre chambre.
19. Dites que votre chambre est au premier étage.
20. Demandez à ... s'il a la chambre douze.
21. Dites que vous n'avez pas la monnaie de 20 euros.

REVIEW DRILLS

REVIEW 1
1. Nous avons une jolie chambre au premier étage.
2. *Je voudrais* une jolie chambre au premier étage.
3. *Ils ont* une jolie chambre au premier étage.
4. *Voici* une jolie chambre au premier étage.

5. *Vous avez* une jolie chambre au premier étage.
6. *Il y a* une jolie chambre au premier étage.
7. *C'est* une jolie chambre au premier étage.
8. *Nous avons* une jolie chambre au premier étage.

REVIEW 2

1. Avez-vous la monnaie de cent euros?
2. *A-t-il* la monnaie de cent euros?
3. *Ont-ils* la monnaie de cent euros?
4. *Voulez-vous* la monnaie de cent euros?
5. *A-t-elle* la monnaie de cent euros?
6. *Avons-nous* la monnaie de cent euros?
7. *Ont-elles* la monnaie de cent euros?
8. *Avez-vous* la monnaie de cent euros?

REVIEW 3

1. Nous en avons plusieurs de libres aujourd'hui.
2. *Il en a* plusieurs de libres aujourd'hui.
3. *Ils en ont* plusieurs de libres aujourd'hui.
4. *Elle en a* plusieurs de libres aujourd'hui.
5. *Vous en avez* plusieurs de libres aujourd'hui.
6. *Nous en avons* plusieurs de libres aujourd'hui.

REVIEW 4

1. Il est à l'hôtel; il a une jolie chambre.
2. *Elles sont à l'hôtel;* elles ont une jolie chambre.
3. *Nous sommes à l'hotel;* nous avons une jolie chambre.
4. *Je suis à l'hôtel;* j'ai une jolie chambre.
5. *Elle est à l'hôtel;* elle a une jolie chambre.
6. *Ils sont à l'hôtel;* ils ont une jolie chambre.
7. *Vous êtes à l'hôtel;* vous avez une jolie chambre.
8. *Il est à l'hôtel;* il a une jolie chambre.

REVIEW 5

1. Je ne suis pas libre; j'ai plusieurs choses à faire.
2. Nous ne sommes pas libres; *nous avons plusieurs choses à faire.*
3. Ils ne sont pas libres; *ils ont plusieurs choses à faire.*
4. Elle n'est pas libre; *elle a plusieurs choses à faire.*
5. Vous n'êtes pas libre; *vous avez plusieurs choses à faire.*
6. Il n'est pas libre; *il a plusieurs choses à faire.*
7. Ils ne sont pas libres; *ils ont plusieurs choses à faire.*
8. Je ne suis pas libre; *j'ai plusieurs choses à faire.*

REVIEW 6

Tutor   : Vous allez dans la chambre?
Student : Oui, je vais dans la chambre.

1. Vous avez une chambre?   Oui, j'ai une chambre.
2. Vous êtes dans la chambre douze?   Oui, je suis dans la chambre douze.

3. Vous avez des bagages?	Oui, j'ai des bagages.
4. Vous allez à l'hôtel?	Oui, je vais à l'hôtel.
5. Vous êtes à l'hôtel?	Oui, je suis à l'hôtel.
6. Vous allez à Paris?	Oui, je vais à Paris.
7. Vous êtes au premier étage?	Oui, je suis au premier étage.
8. Vous avez des vacances?	Oui, j'ai des vacances.
9. Vous allez au restaurant?	Oui, je vais au restaurant.
10. Vous êtes au café?	Oui, je suis au café.
11. Vous avez des nouvelles?	Oui, j'ai des nouvelles.

REVIEW 7

Tutor : Pourquoi sont-ils à l'hôtel?
Student : Ils sont à l'hôtel parce qu'ils sont en vacances.

1. Pourquoi est-il à l'hôtel?	Il est à l'hôtel parce qu'il est en vacances.
2. Pourquoi suis-je à l'hôtel?	Vous êtes à l'hôtel parce que vous êtes en vacances.
3. Pourquoi est-elle à l'hôtel?	Elle est à l'hôtel parce qu'elle est en vacances.
4. Pourquoi sont-ils à l'hôtel?	Ils sont à l'hôtel parce qu'ils sont en vacances.
5. Pourquoi est-elle à l'hôtel?	Elle est à l'hôtel parce qu'elle est en vacances.
6. Pourquoi sont-elles à l'hôtel?	Elles sont à l'hôtel parce qu'elles sont en vacances.
7. Pourquoi suis-je à l'hôtel?	Vous êtes à l'hôtel parce que vous êtes en vacances.

REVIEW 8

Tutor : Vous êtes seul?
Student : Oui, je suis seul.

1. Vous êtes à Paris?	Oui, je suis à Paris.
2. Vous avez des vacances?	Oui, j'ai des vacances.
3. Vous êtes à l'hôtel?	Oui, je suis à l'hôtel.
4. L'hôtel est près d'ici?	Oui, il est près d'ici.
5. Y a-t-il plusieurs chambres?	Oui, il y a plusieurs chambres.
6. Les chambres sont-elles jolies?	Oui, elles sont jolies.
7. Avez-vous une jolie chambre?	Oui, j'ai une jolie chambre.

REVIEW 9

1. Demandez à ... s'il a des vacances.
2. Demandez à ... s'il va en vacances.
3. Demandez à ... s'il est en vacances.
4. Demandez à ... s'il a la chambre dix.
5. Demandez à ... où il va en vacances.
6. Demandez à ... s'il y a des chambres de libres à l'hôtel.
7. Dites à ... que vous avez 5 jours de vacances.
8. Demandez-moi si j'ai des nouvelles de ma soeur.
9. Dites que vous voulez des chambres communicantes.
10. Dites que vous n'allez pas bien.

11. Demandez à ... s'il va au café ce soir.
12. Dites que vous n'allez pas au café.
13. Demandez à ... pourquoi il ferme le livre.
14. Demandez à ... quelle heure il est.

> **End of Tape 4B**
> **End of CD 4**

WRITTEN EXERCISES

(not recorded)

EXERCISE 1

Traduisez les phrases suivantes:

1. Will you show me the room, please. _____

2. I'm going to fill out the forms later. _____

3. Wake me up at 6:30 a.m. please. _____

4. My family is arriving tomorrow. _____

5. I would like to change rooms today. _____

6. I see your luggage. _____

7. Tell me why he is here. _____

8. I would like change for one hundred euros. _____

9. When are you going to the restaurant? _____

10. Is it one o'clock now? _____

EXERCISE 2

Traduisez en anglais.

1. J'espère qu'il va bien. _____

2. Je sais où nous allons déjeuner. _____

3. M. Day est seul pour quelques jours. _____

4. La chambre seize n'est pas au premier étage. _____

5. Nous n'avons pas vos fiches. _____

6. Ce soir, elle va au restaurant avec eux. _____

7. Ne sont-ils pas en vacances? _____

8. J'espère qu'il y a des chambres libres. _____

9. N'avez-vous pas la monnaie de cent euros? _____

10. Je ne voudrais pas arriver en retard au restaurant. _____

Exercise 3

Replace the definite article with the indefinite article in the following sentences.

Example: Voulez-vous remplir la fiche?
Voulez-vous remplir une fiche?

1. Avez-vous les livres? _____

2. Voilà le restaurant. _____

3. Dites la phrase en français. _____

4. Je voudrais les chambres communicantes. _____

5. La soeur de Mme Durand est ici. _____

6. Voulez-vous la valise? _____

7. C'est le frère de Janine. _____

8. Je vais remplir les fiches. _____

9. Je voudrais le petit livre. _____

(Answers on page 175)

A LA GARE

Dialogue

A la gare
  gare (f)

At the station
  station

After visiting the information desk to ask about the departure times for Lille, Mr. Santerre goes to buy his tickets.

M. SANTERRE

Deux billets pour Lille, première classe, s'il vous plaît.

  billet (m)
  première
  classe (f)

Two tickets for Lille, first class, please.

  ticket
  first
  class

L'EMPLOYE (I)

Aller et retour?

  un aller (m)
  retour (m)

THE EMPLOYEE (m)

Round trip?

  a one-way ticket
  return trip

M. SANTERRE

Non, deux allers seulement.

  seulement

No, two one-ways only.

  only

L'EMPLOYE (I)

Pour quelle date?

  date (f)

For what date?

  date

M. SANTERRE

Le six juillet.

  juillet

July 6th.

  July

L'EMPLOYE (I)

Bien, c'est quarante-deux euros.

  c'est
  quarante

Fine, that's 42 euros.

  that is
  forty

M. SANTERRE

Voilà, Monsieur.
Où puis-je retenir mes places?

Here you are, sir. Where can I reserve my seats?

pouvoir (puis-je)	to be able to (may I, can I)
retenir	to reserve
place (f)	seat

L'EMPLOYE (I)

Au dernier guichet à gauche.	At the last window on the left.

dernier	last
guichet (m)	ticket window
gauche (f)	left

(A la location)   (At the reservation window)

M. SANTERRE

Je voudrais louer deux places pour Lille.	I'd like to reserve two seats for Lille.

louer	to rent, to reserve

L'EMPLOYEE   THE EMPLOYEE (f)

Vos billets, s'il vous plaît.	Your tickets, please.

M. SANTERRE

Les voici.	Here they are.

L'EMPLOYEE

Par quel train partez-vous?	What train are you taking?

par	by, on
train (m)	train
partir (partez-vous)	to leave (do you leave)

M. SANTERRE

Par celui de dix-neuf heures trente.	The 7:30 p.m. train.

celui	the one
dix-neuf	nineteen
trente	thirty

L'EMPLOYEE

Je peux vous donner deux coins fenêtres.	I can give you two window seats.

pouvoir (je peux)	to be able to (I can, I may)
donner	to give

coins fenêtres (m)	window seat
coin (m)	corner
fenêtre (f)	window

M. SANTERRE

Dans un compartiment pour fumeurs?	In a smoking compartment?
compartiment (m)	compartment
fumeur (m)	one who smokes

L'EMPLOYEE

| Oui, Monsieur. | Yes, sir. |

M. SANTERRE

C'est parfait. Combien vous dois-je?	That's fine. How much do I owe you?
parfait	fine, perfect
combien	how much, how many
devoir (dois-je)	to owe (do I owe)
	to have to (must I)

L'EMPLOYEE

| Un euro. | 1 euro. |
| (A l'enregistrement) | (In the baggage checkroom) |

M. SANTERRE

Je voudrais faire enregistrer mes bagages pour Lille.	I'd like to have my bags checked through to Lille.
enregistrer	to check (luggage)
faire enregistrer	to have checked
pour	for, through to

L'EMPLOYE (II)

| C'est ici. Combien de malles avez-vous? | Right here. How many trunks do you have? |
| malle (f) | trunk |

M. SANTERRE

| Cette malle verte là-bas, et la valise à côté. | That green trunk over there and the suitcase next to it. |

cette	this
verte	green
là-bas	over there
valise (f)	suitcase
à côté	next to

L'EMPLOYE (II)

Vous pouvez	You can have them insured over there.
les faire assurer	
en face.	

pouvoir (vous pouvez)	can (you can)
assurer	to insure
faire assurer	to have insured
en face	in front of

M. SANTERRE

| Non, ce n'est pas la peine. | No, It's not necessary. |
| ce n'est pas la peine | it's not worth the trouble. |

Dialogue Notes

(not recorded)

French trains are divided into second class (deuxième classe) and a more luxurious and more expensive first class (première classe). Railroad time, military time and other scheduled times such as theater performances, meetings etc., are expressed in a 24 hour system.

13 heures	1 PM		19 heures	7 PM
14 heures	2 PM		20 heures	8 PM
15 heures	3 PM		21 heures	9 PM
16 heures	4 PM		22 heures	10 PM
17 heures	5 PM		23 heures	11 PM
18 heures	6 PM		24 heures	midnight

In the 24-hour system, portions of hours between *13 heures* and *24 heures* are always expressed in minutes and never in portions of the hour. For example:

10 heures et demie *or* 10 heures trente *but only* 22 heures trente
10 heures et quart   10 heures quinze   22 heures quinze

Useful Words

1. Le train part à 13 heures.	The train leaves at 1 PM.
2. Le train part à *14 heures.*	The train leaves at 2 PM.
3. Le train part à *15 heures.*	The train leaves at 3 PM.
4. Le train part à *16 heures.*	The train leaves at 4 PM.
5. Le train part à *17 heures.*	The train leaves at 5 PM.
6. Le train part à *18 heures.*	The train leaves at 6 PM.
7. Le train part à *19 heures.*	The train leaves at 7 PM.

8. Le train part à *20 heures*.	The train leaves at 8 PM.
9. Le train part à *21 heures*.	The train leaves at 9 PM.
10. Le train part à *22 heures*.	The train leaves at 10 PM.
11. Le train part à *23 heures*.	The train leaves at 11 PM.
12. Le train part à *24 heures*.	The train leaves at midnight.
1. Ils sont toujours en vacances.	They're still on vacation.
2. Ils sont *toujours en retard*.	They're always late.
3. Ils sont *toujours pressés*.	They're always in a hurry.
4. Ils sont *toujours en avance*.	They're always early.
5. Ils sont *toujours à l'heure*.	They're always on time.
1. Mon fils rentre la semaine prochaine.	My son comes back next week.
2. Mon fils rentre *le mois prochain*.	My son comes back next month.
3. Mon fils rentre *ce matin*.	My son comes back this morning.
4. Mon fils rentre *cet après-midi*.	My son comes back this afternoon.
5. Mon fils rentre *cette semaine*.	My son comes back this week.
6. Mon fils rentre *dans quelques jours*.	My son comes back in a few days.
7. Mon fils rentre *dans 10 minutes*.	My son comes back in ten minutes.
1. Voilà le bureau de renseignements.	There is the information desk.
2. Voilà *le wagon-restaurant*.	There is the dining car.
3. Voilà *le wagon-lit*.	There is the sleeping car.
4. Voilà *ma couchette*.	There is my berth.
5. Voilà *mes billets*.	There are my tickets.
6. Voilà *un ticket de quai*.	There is a platform ticket.
7. Voilà *du café*.	There is some coffee.
1. Pardon, Monsieur. Quelles sont les heures d'arrivée?	Excuse me, sir. What are the arrival times?
2. Pardon, Monsieur. Quelles sont *les heures de départ*?	Excuse me, sir. What are the departure times?
3. Pardon, Monsieur. Quelles sont *les heures d'affluence*?	Excuse me, sir. Which are the rush hour periods?

Vocabulary Awareness

(not recorded)

here	ici
over there	là-bas
next to, beside	à côté
next to the station	à côté de la gare
in front, across	en face
across from the station	en face de la gare
on the left	à gauche
on the left of the station	à gauche de la gare
a window seat	un coin fenêtre
a window	une fenêtre
a corner	un coin
a seat	une place

the luggage	les bagages
the suitcase	la valise
the trunk	la malle
to check	enregistrer
to have checked	faire enregistrer
to have insured	faire assurer
to have reserved	faire réserver
to have brought	faire apporter
to have filled	faire remplir
a sleeping car	un wagon-lit
a bed	un lit
a berth	une couchette
a platform ticket	un ticket de quai
a platform, a quay	un quai
a metro ticket	un ticket de metro
a train ticket	un billet
to go	aller
a one way	un aller
a return	un retour
a round trip	un aller et retour
the date	la date
the month	le mois
the day	le jour
the week	la semaine
the hour	l'heure
the minute	la minute
the morning	le matin
the evening	le soir
the rush hours	les heures d'affluence
the afternoon	l'après-midi
noon	midi
after	après

LEXICAL DRILLS

LEXICAL A–1

1. Je voudrais louer deux places pour Lille.
2. *Nous allons* louer deux places pour Lille.
3. *Il veut* louer deux places pour Lille.
4. *Je peux* louer deux places pour Lille.
5. *Il va* louer deux places pour Lille.
6. *Vous pouvez* louer deux places pour Lille.
7. *Je dois* louer deux places pour Lille.
8. *Je vais* louer deux places pour Lille.
9. *Je voudrais* louer deux places pour Lille.

LEXICAL A–2

1. Où puis-je retenir mes places?
2. Où puis-je *changer de train*?
3. Où puis-je *déjeuner*?
4. Où puis-je *être seul*?
5. Où puis-je *prendre les billets*?
6. Où puis-je *conduire mes amis*?
7. Où puis-je *louer mes places*?
8. Où puis-je *faire enregistrer mes bagages*?
9. Où puis-je *retenir mes places*?

LEXICAL A–3

1. Les voici.
2. *La* voici.
3. *Le* voici.
4. *Me* voici.
5. *Nous* voici.
6. *Vous* voici.

LEXICAL A–4

1. Par celui de dix-neuf heures trente.
2. Par celui de *dix-sept heures trente.*
3. Par celui de *midi-trente.*
4. Par celui de *quatorze heures trente.*
5. Par celui de *seize heures trente.*
6. Par celui de *treize heures trente.*
7. Par celui de *quinze heures trente.*
8. Par celui de *dix-huit heures trente.*
9. Par celui de *dix-neuf heures trente.*

LEXICAL A–5

1. Je peux vous donner deux coins fenêtres.
2. *On peut* vous donner deux coins fenêtres.
3. *Je vais* vous donner deux coins fenêtres.
4. *Nous allons* vous donner deux coins fenêtres.
5. *Je voudrais* vous donner deux coins fenêtres.
6. *Il va* vous donner deux coins fenêtres.
7. *Je dois* vous donner deux coins fenêtres.
8. *Elle va* vous donner deux coins fenêtres.
9. *Je peux* vous donner deux coins fenêtres.

LEXICAL A–6

1. Pour quelle date?
2. Pour quel *jour?*
3. Pour quel *après-midi?*
4. Pour quelle *heure?*
5. Pour quel *mois?*
6. Pour quel *soir?*
7. Pour quelle *semaine?*
8. Pour quelle *date?*

Lexical A–7

1. Combien de malles avez-vous?
2. Combien de *valises* avez-vous?
3. Combien de *frères* avez-vous?
4. Combien de *soeurs* avez-vous?
5. Combien de *jours* avez-vous?
6. Combien de *places* avez-vous?
7. Combien de *livres* avez-vous?
8. Combien de *cafés* avez-vous?
9. Combien de *chambres* avez-vous?
10. Combien de *monnaie* avez-vous?
11. Combien de *fiches* avez-vous?

Lexical A–8

1. Où est le bureau de renseignements?
2. Où est *le restaurant français*?
3. Où est *le wagon restaurant*?
4. Où est *la gare*?
5. Où est *le wagon-lit*?
6. Où est *la soeur de Janine*?
7. Où est *le compartiment pour fumeurs*?
8. Où est *ma couchette*?
9. Ou est *mon billet*?
10. Où est *la femme de chambre*?
11. Où est *mon amie Janine*?
12. Où est *le bureau de renseignements*?

Lexical A–9

1. C'est ici.
2. C'est *en face*.
3. C'est *à Paris*.
4. C'est *au premier étage*.
5. C'est *à côté*.
6. C'est *au restaurant*.
7. C'est *au café*.
8. C'est *à l'hôtel*.
9. C'est *à la gare*.
10. C'est *ici*.

Lexical A–10

1. C'est 42 euros.
2. C'est *21 euros*.
3. C'est *1 euro*.
4. C'est *6 euros*.
5. C'est *2 euros*.
6. C'est *13 euros*.
7. C'est *10 euros*.
8. C'est *20 euros*.
9. C'est *3 euros*.
10. C'est *7 euros*.
11. C'est *12 euros*.
12. C'est *18 euros*.
13. C'est *4 euros*.
14. C'est *14 euros*.
15. C'est *11 euros*.
16. C'est *19 euros*.
17. C'est *15 euros*.
18. C'est *8 euros*.
19. C'est *17 euros*.
20. C'est *5 euros*.
21. C'est *16 euros*.
22. C'est *9 euros*.

End of Tape 5A

Lexical A–11

1. Vous pouvez les faire assurer en face.
2. Vous pouvez *les retenir aujourd'hui*.
3. Vous pouvez *les louer tout de suite*.
4. Vous pouvez *les réveiller maintenant*.
5. Vous pouvez *les remercier plus tard*.
6. Vous pouvez *les fermer tout de suite*.
7. Vous pouvez *les apporter plus tard*.
8. Vous pouvez *les demander demain*.
9. Vous pouvez *les faire assurer en face*.

*LEXICAL B–1

1. Par quel train partez-vous?
2. Par quel train *arrivez-vous?*
3. *A quelle heure* arrivez-vous?
4. A quelle heure *déjeunez-vous?*
5. *A quel hôtel* déjeunez-vous?
6. A quel hôtel *allez-vous?*
7. *A quelle gare* allez-vous?
8. A quelle gare *arrivez-vous?*
9. *Par quel train* arrivez-vous?
10. Par quel train *partez-vous?*

*LEXICAL B–2

1. Je peux vous donner deux coins fenêtres.
2. *Nous allons retenir* deux coins fenêtres.
3. Nous allons retenir *trois chambres.*
4. *Je voudrais louer* trois chambres.
5. Je voudrais louer *quatre places.*
6. *Il va prendre* quatre places.
7. Il va prendre *un ticket de quai.*
8. *Je vais vous donner* un ticket de quai.
9. Je vais vous donner *deux coins fenêtres.*
10. *Je peux vous donner* deux coins fenêtres.

*LEXICAL B–3

1. Combien de malles avez-vous?
2. Combien de *fiches* avez-vous?
3. Combien de fiches *voulez-vous?*
4. Combien de *places* voulez-vous?
5. Combien de places *y a-t-il?*
6. Combien de *livres* y a-t-il?
7. Combien de livres *avons-nous?*
8. Combien de *billets* avons-nous?
9. Combien de billets *ont-ils?*
10. Combien de *malles* ont-ils?
11. Combien de malles *avez-vous?*

*LEXICAL B–4

1. Où puis-je retenir mes places?
2. Où puis-je *prendre les billets?*
3. *Quand dois-je* prendre les billets?
4. Quand dois-je *louer les places?*
5. *Pourquoi dois-je* louer les places?
6. Pourquoi dois-je *changer de train?*
7. *Pourquoi voulez-vous* changer de train?
8. Pourquoi voulez-vous *déjeuner là-bas?*
9. *Quand dois-je* déjeuner là-bas?
10. Quand dois-je *retenir mes places?*
11. *Où puis-je* retenir mes places?

*LEXICAL B–5

1. Je voudrais louer deux places.
2. *Elle va* louer deux places.
3. Elle va *prendre le train.*
4. *Nous allons* prendre le train.
5. Nous allons *déjeuner en face.*
6. *Je voudrais* déjeuner en face.
7. Je voudrais *aller à Paris.*
8. *Vous pouvez* aller à Paris.
9. Vous pouvez *avoir un coin fenêtre.*
10. *Je voudrais* avoir un coin fenêtre.
11. Je voudrais *louer deux places.*

QUESTIONS ON THE DIALOGUE

1. Où est M. Santerre?	Il est à la gare.
2. Que veut-il?	Il veut des billets.
3. Combien de billets veut-il?	Il veut deux billets.
4. Pour Paris?	Non, pour Lille.
5. Va-t-il prendre des allers et retours?	Non, il va prendre des allers seulement.
6. Part-il le 5 juillet?	Non, il part le 6 juillet.
7. Où va-t-il?	Il va à Lille.
8. Que va-t-il faire au dernier guichet à gauche?	Il va retenir les places.
9. Quel train va-t-il prendre?	Il va prendre celui de 19h30.
10. Combien de coins fenêtres va-t-il louer?	Il va louer deux coins fenêtres.
11. Dans quel compartiment?	Dans un compartiment pour fumeurs.
12. C'est combien?	C'est un euro.
13. Pour où M. Santerre va-t-il faire enregistrer ses bagages?	Il va faire enregistrer ses bagages pour Lille.
14. A-t-il plusieurs malles?	Non, il a une malle.
15. Combien de valises a-t-il?	Il a une valise.
16. Comment est la valise? Est-elle verte?	Non, elle n'est pas verte.
17. Va-t-il faire assurer les bagages?	Non, ce n'est pas la peine.

GRAMMAR 1: NOUN-MARKERS

Grammar Note (not recorded)

Demonstrative adjectives *ce, cet, cette, ces*

The noun-marker corresponding to English "this, that" has the following shapes:

Singular:

ce occurs before masculine singular nouns beginning with a consonant:

ce restaurant	this restaurant
ce monsieur	this gentleman

(see L.1–Gr.1)

cet occurs before masculine singular nouns beginning with a vowel:

cet enfant	this child
cet hôtel	this hotel

(see L.3–Gr.1)

cette occurs before all feminine singular nouns. (Notice the identical pronunciation of *cet* and *cette*.)

cette malle	this trunk
cette femme	this woman
cette amie	this friend

(see L.2–Gr.1)

Plural:

ces occurs in front of all plural nouns:

ces restaurants	these restaurants
ces enfants	these children
ces malles	these trunks

(see L.4,5–Gr.1)

Tabulating the shapes:

		before a consonant	before a vowel
Singular	masculine	ce	cet
	feminine	cette	cette
Plural	& masculine feminine	ces	ces

Singular	*Plural*
Ce restaurant est bon.	Ces restaurants sont bons.
Cet hôtel est petit.	Ces hôtels sont petits.
Cette chambre est très bien.	Ces chambres sont très bien.
Cette heure est libre.	Ces heures sont libres.

Noun-Markers Review

We have learned so far that:

A feminine noun beginning with a consonant can be preceded by *la* or *une* or *cette*.

la chambre	the room
une chambre	a room
cette chambre	this/that room

A masculine noun beginning with a consonant can be preceded by *le* or *un* or *ce*.

Singular

le livre	the book
un livre	a book
ce livre	this/that book

Any noun beginning with a vowel can be preceded by *l'* or *un/une* or *cet/cette*.

l'ami	the friend
un ami	a friend
cet ami	this/that friend
l'amie	the friend
une amie	a friend
cette amie	this/that friend

Plural — Nouns can be preceded by *les* or *des* or *ces*.

les livres	the books
des livres	some books
ces livres	these/those books

LEARNING DRILLS

Learning 1
1. C'est ce restaurant.
2. C'est *ce café.*
3. C'est *ce billet.*
4. C'est *ce monsieur.*
5. C'est *ce matin.*
6. C'est *ce soir.*
7. C'est *ce livre.*
8. C'est *ce train.*
9. C'est *ce bureau.*

Learning 2
1. C'est cette rue.
2. C'est *cette femme.*
3. C'est *cette porte.*
4. C'est *cette chambre.*
5. C'est *cette fiche.*
6. C'est *cette date.*
7. C'est *cette malle.*
8. C'est *cette valise.*
9. C'est *cette couchette.*

Learning 3
1. C'est pour cet étage.
2. C'est pour *cet ami.*
3. C'est pour *cet enfant.*
4. C'est pour *cet hôtel.*
5. C'est pour *cet après-midi.*
6. C'est pour *cet étage.*

Learning 4
1. C'est pour ces étages.
2. C'est pour *ces amis.*
3. C'est pour *ces enfants.*
4. C'est pour *ces hôtels.*
5. C'est pour *ces arrivées.*
6. C'est pour *ces étages.*

Learning 5
1. Voulez-vous ces billets?
2. Voulez-vous *ces livres?*
3. Voulez-vous *ces fiches?*
4. Voulez-vous *ces valises?*
5. Voulez-vous *ces couchettes?*
6. Voulez-vous *ces chambres?*

Learning 6
1. C'est pour cette date.
2. C'est pour *cet enfant.*
3. C'est pour *ces enfants.*
4. C'est pour *ce matin.*
5. C'est pour *cet hôtel.*
6. C'est pour *ces hôtels.*
7. C'est pour *cette chambre.*
8. C'est pour *ces chambres.*
9. C'est pour *ce soir.*

PRACTICE DRILLS

Practice A–1
1. C'est cette chambre.
2. C'est ce *monsieur.*
3. C'est cet *enfant.*
4. C'est cette *date.*
5. C'est ce *soir.*

6. C'est cette *fenêtre.*
7. C'est cette *valise.*
8. C'est ce *train.*
9. C'est cet *étage.*
10. C'est ce *compartiment.*

PRACTICE A–2

1. C'est pour ces restaurants.
2. C'est pour ces *enfants.*
3. C'est pour ces *couchettes.*
4. C'est pour ces *salles de bains.*
5. C'est pour ces *fenêtres.*
6. C'est pour ces *compartiments.*
7. C'est pour ces *enfants.*

PRACTICE A–3

Tutor : C'est pour ces enfants?
Student : Non, ce n'est pas pour ces enfants.

1. C'est pour cet enfant?   Non, ce n'est pas pour cet enfant.
2. C'est pour ce soir?   Non, ce n'est pas pour ce soir.
3. C'est pour ces compartiments?   Non, ce n'est pas pour ces compartiments.
4. C'est pour ce compartiment?   Non, ce n'est pas pour ce compartiment.
5. C'est pour cet étage?   Non, ce n'est pas pour cet étage.
6. C'est pour ces étages?   Non, ce n'est pas pour ces étages.
7. C'est pour cet hôtel?   Non, ce n'est pas pour cet hôtel.
8. C'est pour cette date?   Non, ce n'est pas pour cette date.
9. C'est pour cet enfant?   Non, ce n'est pas pour cet enfant.
10. C'est pour cette chambre?   Non, ce n'est pas pour cette chambre.

PRACTICE A–4

Tutor : C'est dans cette valise?
Student : Oui, c'est dans cette valise.

1. C'est cet hôtel?   Oui, c'est cet hôtel.
2. C'est ce monsieur?   Oui, c'est ce monsieur.
3. C'est cet enfant?   Oui, c'est cet enfant.
4. C'est pour ces enfants?   Oui, c'est pour ces enfants.
5. C'est cette rue?   Oui, c'est cette rue.
6. C'est dans ces valises?   Oui, c'est dans ces valises.
7. C'est dans ce train?   Oui, c'est dans ce train.
8. C'est dans cette rue?   Oui, c'est dans cette rue.
9. C'est à cet étage?   Oui, c'est à cet étage.

PRACTICE A–5

Tutor : La rue est à gauche.
Student : Cette rue est à gauche.

1. L'hôtel est à gauche.   Cet hôtel est à gauche.
2. L'enfant est là-bas.   Cet enfant est là-bas.
3. Les enfants sont ici.   Ces enfants sont ici.
4. La femme de chambre est jolie.   Cette femme de chambre est jolie.
5. La chambre est petite.   Cette chambre est petite.

6. Les chambres sont petites.   Ces chambres sont petites.
7. La valise est verte.   Cette valise est verte.
8. Les valises sont vertes.   Ces valises sont vertes.
9. Le train est en retard.   Ce train est en retard.
10. La place est libre.   Cette place est libre.

GRAMMAR 2: À LA, AU ... ETC ...

Grammar Note (not recorded)

> Voulez-vous aller au Café de Paris?
> Nous avons une chambre au premier étage.
> Au dernier guichet à gauche.

The preposition *à* + definite article has several shapes:

Singular:

à la in front of feminine nouns beginning with a consonant.

> Je vais à la gare.   I'm going to the station.

au in front of masculine nouns beginning with a consonant.

> Il est au restaurant.   He is at the restaurant.

à l' in front of all nouns beginning with a vowel.

> Il est à l'hôtel.   He is at the hotel.

Plural:

aux before all nouns.

> Aux guichets deux et trois.   At ticket windows two and three.

Au, à la, à l', aux have different equivalents in English.

1. *to the*

> Allez-vous à la gare?   Are you going to the station?
>
>   (see L.1–Gr.2)

2. *at the*

> Je suis à l'hôtel.   I am at the hotel.
>
>   (see L.2,3–Gr.2, except for the last example: il est au
> lit = he is in bed)

3. The verb "to be" followed by the preposition *à* also has the meaning of "to belong to."

> C'est à la soeur de Janine.   It belongs to Janine's sister.
>
>   (see L.5–Gr.2)

		before a consonant	before a vowel
Singular	masculine	au	à l'
	feminine	à la	
Plural	& masculine feminine	aux	aux

LEARNING DRILLS

LEARNING 1

1. Allez-vous à la gare?
2. Allez-vous *à la location?*
3. Allez-vous *à la fenêtre?*
4. Allez-vous *à l'hôtel?*
5. Allez-vous *à la gare?*
6. Allez-vous *à l'enregistrement?*

LEARNING 2

1. Je suis à la fenêtre.
2. Je suis *à la porte.*
3. Je suis *à l'hôtel.*
4. Je suis *à la location.*
5. Je suis *à la gare.*
6. Je suis *à l'enregistrement.*
7. Je suis *à la fenêtre.*

LEARNING 3

1. Il est au restaurant.
2. Il est *au café.*
3. Il est *au premier étage.*
4. Il est *au wagon-restaurant.*
5. Il est *au bureau.*
6. Il est *au lit.*

LEARNING 4

1. Est-il au lit?
2. Est-il *au café?*
3. Est-il *à la gare?*
4. Est-il *à l'hôtel?*
5. Est-il *au bureau?*
6. Est-il *à l'enregistrement?*
7. Est-il *à la location?*
8. Est-il *au premier étage?*
9. Est-il *à la fenêtre?*
10. Est-il *au restaurant?*

LEARNING 5

1. C'est aux employés.
2. C'est *à l'employé.*
3. C'est *aux enfants.*
4. C'est *à l'enfant.*
5. C'est *à l'ami de Janine.*
6. C'est *aux amis de Janine.*

LEARNING 6

1. C'est au guichet 2.
2. C'est *aux guichets 2 et 3.*
3. C'est *à la chambre 12.*
4. C'est *aux chambres 12 et 14.*
5. C'est *à la soeur de Janine.*
6. C'est *aux soeurs de Janine.*

PRACTICE DRILLS

PRACTICE A–1

1. Je suis à l'hôtel.
2. Je suis à la *location.*
3. Je suis au *restaurant.*
4. Je suis à la *gare.*
5. Je suis à *l'enregistrement.*
6. Je suis au *café.*
7. Je suis à la *fenêtre.*
8. Je suis au *wagon-restaurant.*

PRACTICE A–2

Tutor   : Allez-vous à la gare?
Student : Oui, je vais à la gare.

1. Allez-vous à l'hôtel?   Oui, je vais à l'hôtel.
2. Etes-vous au bureau?   Oui, je suis au bureau.
3. Etes-vous au café?   Oui, je suis au café.

4. Allez-vous au premier étage?　　　　Oui, je vais au premier étage.
5. Etes-vous à la location?　　　　　　　Oui, je suis à la location.
6. Allez-vous au restaurant?　　　　　　Oui, je vais au restaurant.
7. Etes-vous à l'enregistrement?　　　　Oui, je suis à l'enregistrement.

PRACTICE A–3

1. *Voilà l'hôtel;* allez-vous à l'hôtel?
2. *Voilà le restaurant;* allez-vous au restaurant?
3. *Voilà la gare;* allez-vous à la gare?
4. *Voilà la location;* allez-vous à la location?
5. *Voilà le café;* allez-vous au café?
6. *Voilà le wagon-restaurant;* allez-vous au wagon-restaurant?
7. *Voilà la gare;* allez-vous à la gare?
8. *Voilà le bureau de renseignements;* allez-vous au bureau de renseignements?

> **End of Tape 5B**
> **End of CD 5**

PRACTICE A–4

1. Demandez à la femme de chambre de vous y conduire.
2. Demandez (au) *le père de Janine* de vous y conduire.
3. Demandez (aux) *les amis de Janine* de vous y conduire.
4. Demandez (à) *l'ami de Janine* de vous y conduire.
5. Demandez (aux) *les frères de Janine* de vous y conduire.
6. Demandez (à) *la soeur de Janine* de vous y conduire.
7. Demandez (au) *le frère de Janine* de vous y conduire.
8. Demandez (aux) *les soeurs de Janine* de vous y conduire.
9. Demandez (à) *la mère de Janine* de vous y conduire.
10. Demandez (au) *le gérant de l'hôtel* de vous y conduire.

PRACTICE A–5

1. Les bagages sont à la gare.
2. Les bagages sont au *guichet 2.*
3. Les bagages sont à *l'enregistrement.*
4. Les bagages sont au *premier étage.*
5. Les bagages sont à la *location.*
6. Les bagages sont à *l'hotel.*
7. Les bagages sont au *bureau.*
8. Les bagages sont à la *porte.*

GRAMMAR 3: YES/NO QUESTIONS

Grammar Note (not recorded)

Avez-vous des chambres communicantes?

A yes/no question is one which has *yes* or *no* as possible answers. Besides the inversion process explained in Unit 1, Grammar Note 3, there are two other ways of formulating yes-no questions in French:

1. Prefixing *Est-ce que* to the Subject-Verb type of utterance makes it into a yes/no question:

C'est 42 euros.　　　　　　　"It's 42 euros."
Est-ce que c'est 42 euros?　　"Is it 42 euros?"

Je peux vous donner deux coins fenêtres?
Est-ce que je peux vous donner deux coins fenêtres?

'I can give you two window seats.'
'Can I give you two window seats?'

Before a vowel.

est-ce qu'

Before a consonant.

est-ce que

2. Rising pitch movement on the final syllable also signals yes-no questions:

Vous êtes seul?
Aller et retour?
Dans un compartiment pour fumeurs?

In the case of inversion and prefixation questions, rising pitch movement is optional.

Etes-vous seul?
Est-ce que vous êtes seul?

LEARNING DRILLS

LEARNING 1

1. Est-ce que vous allez au café?
2. Est-ce que vous *allez à l'hôtel*?
3. Est-ce que vous *avez les bagages*?
4. Est-ce que vous *voulez des fiches*?
5. Est-ce que vous *déjeunez ici*?
6. Est-ce que vous *désirez quelque chose*?
7. Est-ce que vous *avez la monnaie*?
8. Est-ce que vous *lisez la leçon*?
9. Est-ce que vous *répondez en français*?
10. Est-ce que vous *partez par le train*?

LEARNING 2

1. Est-ce qu'ils sont ici?
2. Est-ce qu'*il est ici*?
3. Est-ce qu'*il va bien*?
4. Est-ce qu'*ils ont la monnaie*?
5. Est-ce qu'*ils sont pressés*?
6. Est-ce qu'*il dit quelque chose*?
7. Est-ce qu'*il a la monnaie*?
8. Est-ce qu'*il arrive à 2 heures*?
9. Est-ce qu'*elle va bien*?
10. Est-ce qu'*elles ont les fiches*?

LEARNING 3

1. Vous déjeunez au café?
2. *Elle va* au café?
3. *Vous êtes* au café?
4. *Il va* au café?
5. *Vous allez* au café?
6. *Elle va* au café?
7. *Vous déjeunez* au café?

LEARNING 4

1. Vous voulez les billets?
2. Vous voulez *des fiches*?
3. Vous voulez *la monnaie*?
4. Vous voulez *la malle*?
5. Vous voulez *un coin fenêtre*?
6. Vous voulez *les bagages*?
7. Vous voulez *la valise*?
8. Vous voulez *une chambre*?
9. Vous voulez *des vacances*?
10. Vous voulez *les livres*?

LEARNING 5

1. Est-ce qu'il va à la gare?
2. Est-ce qu'il va *au restaurant*?
3. Est-ce qu'il va *à Paris*?
4. Est-ce qu'il va *à l'enregistrement*?
5. Est-ce qu'il va *à l'hôtel*?
6. Est-ce qu'il va *au wagon-lit*?
7. Est-ce qu'il va *au bureau*?
8. Est-ce qu'il va *à la location*?
9. Est-ce qu'il va *à Lyon*?
10. Est-ce qu'il va *au café*?

LEARNING 6

1. Vous avez vos bagages?
2. Vous avez *les livres*?
3. Vous avez *ce livre*?
4. Vous avez *des vacances*?
5. Vous avez *cette fiche*?
6. Vous avez *une chambre*?
7. Vous avez *des chambres*?
8. Vous avez *les renseignements*?
9. Vous avez *ces livres*?
10. Vous avez *la monnaie*?

PRACTICE DRILLS

PRACTICE A–1

1. Je suis en retard; est-ce que vous êtes en retard?
2. *Je vais à Paris;* est-ce que vous allez à Paris?
3. *J'ai des nouvelles;* est-ce que vous avez des nouvelles?
4. *J'ai un billet;* est-ce que vous avez un billet?
5. *Je suis français;* est-ce que vous êtes français?
6. *J'ai des vacances;* est-ce que vous avez des vacances?
7. *Je pars ce soir;* est-ce que vous partez ce soir?
8. *Je voudrais déjeuner;* est-ce que vous voulez déjeuner?
9. *Je suis dans un compartiment pour fumeurs;* est-ce que vous êtes dans un compartiment pour fumeurs?
10. *J'ai une couchette;* est-ce que vous avez une couchette?

PRACTICE A–2

Tutor   : Mes amis sont à Paris.
Student : Ils sont en vacances?

1. Janine part ce soir.   Elle est en vacances?
2. Je vais à Paris.   Vous êtes en vacances?
3. Les enfants rentrent ce soir.   Ils sont en vacances?
4. Mon frère est à Paris.   Il est en vacances?
5. Mes parents arrivent demain.   Ils sont en vacances?
6. Ma femme et moi sommes à l'hôtel. Vous êtes en vacances?
7. Les enfants sont à Paris.   Ils sont en vacances?

PRACTICE A–3

Tutor : Ce n'est pas la peine.
Student : Ce n'est pas la peine?

1. Vous pouvez les faire assurer en face.
2. C'est parfait.
3. Par celui de dix-neuf heures trente.
4. Au dernier guichet à gauche.
5. Dans un compartiment pour fumeurs.
6. C'est quarante-deux euros.
7. La femme de chambre va vous y conduire.
8. Il est une heure.
9. Il est près d'ici.
10. C'est un très bon restaurant.
11. Il est à Lyon maintenant.

Vous pouvez les faire assurer en face?
C'est parfait?
Par celui de dix-neuf heures trente?
Au dernier guichet à gauche?
Dans un compartiment pour fumeurs?
C'est quarante-deux euros?
La femme de chambre va vous y conduire?
Il est une heure?
Il est près d'ici?
C'est un très bon restaurant?
Il est à Lyon maintenant?

PRACTICE A–4

1. Est-ce que vous allez à Paris?
2. Est-ce qu'*ils sont à Paris*?
3. Est-ce qu'*elle est ici*?
4. Est-ce que *vous déjeunez près d'ici*?
5. Est-ce qu'*il rentre demain*?
6. Est-ce que *vous voulez votre valise*?
7. Est-ce qu'*il arrive ce soir*?
8. Est-ce que *nous allons au café*?
9. Est-ce qu'*elle est en retard*?
10. Est-ce qu'*ils font les bagages*?
11. Est-ce que *vous avez la monnaie*?
12. Est-ce que *c'est près d'ici*?
13. Est-ce que *vous parlez français*?
14. Est-ce qu'*il va déjeuner*?

PRACTICE A–5

Tutor : Allez-vous au bureau?
Student : Est-ce que vous allez au bureau?

1. Va-t-il à Paris?
2. Est-elle pressée?
3. Ont-ils des bagages?
4. Rentre-t-il ce soir?
5. Déjeunez-vous à une heure?
6. Allons-nous au café?
7. Monte-t-il les bagages?
8. Réveillez-vous les enfants?
9. Commence-t-elle maintenant?
10. Parlez-vous français?
11. Etes-vous ensemble?

Est-ce qu'il va à Paris?
Est-ce qu'elle est pressée?
Est-ce qu'ils ont des bagages?
Est-ce qu'il rentre ce soir?
Est-ce que vous déjeunez à une heure?
Est-ce que nous allons au café?
Est-ce qu'il monte les bagages?
Est-ce que vous réveillez les enfants?
Est-ce qu'elle commence maintenant?
Est-ce que vous parlez français?
Est-ce que vous êtes ensemble?

PRACTICE A–6

Tutor   : Les enfants sont-ils en vacances?
Student : Est-ce que les enfants sont en vacances?

1. Mlle Courtois est-elle ici?   Est-ce que Mlle Courtois est ici?
2. Votre ami a-t-il des nouvelles?   Est-ce que votre ami a des nouvelles?
3. Vos enfants sont-ils en vacances?   Est-ce que vos enfants sont en vacances?
4. L'hôtel est-il près d'ici?   Est-ce que l'hôtel est près d'ici?
5. Votre amie rentre-t-elle ce soir?   Est-ce que votre amie rentre ce soir?
6. Vos bagages sont-ils à l'hôtel?   Est-ce que vos bagages sont à l'hôtel?
7. Les enfants ont-ils des amis?   Est-ce que les enfants ont des amis?
8. Votre ami va-t-il à Paris?   Est-ce que votre ami va à Paris?

PRACTICE A–7

Tutor   : Je vais à l'enregistrement.
Student : Est-ce que je vais à l'enregistrement?

1. Je suis en retard.   Est-ce que je suis en retard?
2. J'ai des vacances.   Est-ce que j'ai des vacances?
3. Je vais à la location.   Est-ce que je vais à la location?
4. J'ai des places.   Est-ce que j'ai des places?
5. Je dois prendre un ticket de quai.   Est-ce que je dois prendre un ticket de quai?
6. J'ai des nouvelles.   Est-ce que j'ai des nouvelles?
7. J'arrive à une heure.   Est-ce que j'arrive à une heure?
8. Je peux prendre les billets.   Est-ce que je peux prendre les billets?

GRAMMAR 4: VERBS WITH INFINITIVE ENDING IN -ER
Grammar Note (not recorded)

Ma famille arrive ce soir.	(arriver)
Mon fils rentre ce matin.	(rentrer)
Demandez à Monsieur de fermer la porte.	(demander)
Que désirez-vous, Monsieur?	(désirer)
Ils montent.	(monter)
Je vous remercie.	(remercier)

In this chapter, we are going to give the forms of the present tense of the verbs with infinitive ending in –ER. (*aller* will be studied separately later. See Unit 4–Gr.5) That part of the infinitive which remains when the ER is removed is called the *Present Stem*. For example:

Infinitive	Stem	Infinitive Ending
parler	parl-	-er
présenter	présent-	-er
arriver	arriv-	-er
excuser	excus-	-er
déjeuner	déjeun-	-er
remercier	remerci-	-er

The present tense endings for these verbs are:

	SP	Stem	Ending
Singular	je il elle on		-e
Plural	ils elles nous vous		-ent -ons -ez

Example:

Here are the forms of *parler* - to speak.

je parle	Est-ce que je parle?
il parle	Parle-t-il?
elle parle	Parle-t-elle?
on parle	Parle-t-on?
ils parlent	Parlent-ils?
elles parlent	Parlent-elles?
nous parlons	Parlons-nous?
vous parlez	Parlez-vous?

*The form *parlé-je* is not a spontaneous speech form; use "est-ce que je parle."

Remember: When the verb begins with a vowel *je* becomes *j'*, and in the plural the liaison is compulsory between the subject pronoun and the verb.

LEARNING DRILLS

LEARNING 1

1. Vous arrivez à deux heures.
2. *Vous déjeunez* à deux heures.
3. *Nous arrivons* à deux heures.
4. *Nous déjeunons* à deux heures.
5. *Vous montez* à deux heures.
6. *Nous montons* à deux heures.
7. *Vous changez* à deux heures.
8. *Nous changeons* à deux heures.
9. *Vous commencez* à deux heures.
10. *Nous commençons* à deux heures.

LEARNING 2

1. Ils arrivent à deux heures.
2. *Il arrive* à deux heures.
3. *Il commence* à deux heures.
4. *Je commence* à deux heures.
5. *J'arrive* à deux heures.
6. *On arrive* à deux heures.
7. *Elle commence* à deux heures.
8. *On commence* à deux heures.
9. *Elles arrivent* à deux heures.
10. *Je déjeune* à deux heures.
11. *Il déjeune* à deux heures.

LEARNING 3

1. Mes amis déjeunent à deux heures.
2. *Mon ami déjeune à deux heures.*
3. *Mes amis arrivent à deux heures.*
4. *Mon frère arrive à deux heures.*
5. *Mes amis commencent à deux heures.*
6. *Mon ami commence à deux heures.*
7. *Mes parents arrivent à deux heures.*
8. *Mon père arrive à deux heures.*

LEARNING 4

1. Quand vos amis louent-ils les places?
2. *Quand loue-t-elle les places?*
3. *Quand louez-vous les places?*
4. *Quand loue-t-on les places?*
5. *Quand votre ami loue-t-il les places?*
6. *Quand louons-nous les places?*

PRACTICE DRILLS

PRACTICE A-1

Tutor : Vous déjeunez à une heure?
Student : Non, je déjeune à midi.

1. Vous arrivez à une heure?   Non, j'arrive à midi.
2. Vous commencez à une heure?   Non, je commence à midi.
3. Votre soeur arrive à une heure?   Non, elle arrive à midi.
4. Vos soeurs arrivent à 3 heures?   Non, elles arrivent à midi.
5. Je commence à deux heures?   Non, vous commencez à midi.
6. Vos parents arrivent à une heure?   Non, ils arrivent à midi.
7. Votre frère arrive à 3 heures?   Non, il arrive à midi.

PRACTICE A–2

1. Il est en vacances; il rentre la semaine prochaine.
2. *Je suis en vacances;* je rentre la semaine prochaine.
3. *Nous sommes en vacances;* nous rentrons la semaine prochaine.
4. *Elle est en vacances;* elle rentre la semaine prochaine.
5. *Ils sont en vacances;* ils rentrent la semaine prochaine.
6. *Vous êtes en vacances;* vous rentrez la semaine prochaine.
7. *On est en vacances;* on rentre la semaine prochaine.
8. *Elles sont en vacances;* elles rentrent la semaine prochaine.

PRACTICE A–3

Tutor : Ecoutez-vous les nouvelles à 6 heures?
Student : Oui, j'écoute les nouvelles à 6 heures.

1. Déjeunez-vous avec eux?   Oui, je déjeune avec eux.
2. Arrivez-vous par le train de 6 heures?   Oui, j'arrive par le train de 6 heures.
3. Espérez-vous partir le mois prochain?   Oui, j'espère partir le mois prochain.
4. Apportez-vous le café?   Oui, j'apporte le café.
5. Réveillez-vous les enfants à 8 heures?   Oui, je réveille les enfants à 8 heures.
6. Parlez-vous de M. Durand?   Oui, je parle de M. Durand.
7. Changez-vous de train à Lyon?   Oui, je change de train à Lyon.
8. Fermez-vous les fenêtres?   Oui, je ferme les fenêtres.
9. Montez-vous au premier étage?   Oui, je monte au premier étage.
10. Rentrez-vous par le train?   Oui, je rentre par le train.

PRACTICE A–4

1. Je suis français; je ne parle pas anglais.
2. *Il est français;* il ne parle pas anglais.
3. *Nous sommes français;* nous ne parlons pas anglais.
4. *On est français;* on ne parle pas anglais.
5. *Ils sont français;* ils ne parlent pas anglais.
6. *Je suis français;* je ne parle pas anglais.
7. *Il est français;* il ne parle pas anglais.
8. *Nous sommes français;* nous ne parlons pas anglais.

PRACTICE A–5

1. Je suis en avance; j'arrive dans dix minutes.
2. *Ils sont en avance;* ils arrivent dans dix minutes.
3. *On est en avance;* on arrive dans dix minutes.
4. *Nous sommes en avance;* nous arrivons dans dix minutes.
5. *Elle est en avance;* elle arrive dans dix minutes.
6. *Vous êtes en avance;* vous arrivez dans dix minutes.
7. *Elles sont en avance;* elles arrivent dans dix minutes.
8. *Il est en avance;* il arrive dans dix minutes.

PRACTICE A–6

1. Elle déjeune maintenant parce qu'elle est pressée.
2. Il déjeune maintenant *parce qu'il est pressé.*
3. Nous dejeunons maintenant *parce que nous sommes pressés.*
4. Ils déjeunent maintenant *parce qu'ils sont pressés.*
5. Je déjeune maintenant *parce que je suis pressé.*
6. On déjeune maintenant *parce qu'on est pressé.*
7. Elles déjeunent maintenant *parce qu'elles sont pressées.*
8. Nous déjeunons maintenant *parce que nous sommes pressés.*

End of Tape 6A

PRACTICE A–7

Tutor : Vous déjeunez maintenant?
Student : Non, je déjeune plus tard.

1. Vous arrivez maintenant?   Non, j'arrive plus tard.
2. Les bureaux ferment à 5 heures?   Non, ils ferment plus tard.
3. Le bureau ferme à 3 heures?   Non, il ferme plus tard.
4. Vous montez maintenant?   Non, je monte plus tard.
5. Vous réveillez les enfants maintenant?   Non, je réveille les enfants plus tard.
6. On apporte les bagages maintenant?   Non, on apporte les bagages plus tard.
7. Vous commencez maintenant?   Non, je commence plus tard.
8. Votre père arrive à une heure?   Non, il arrive plus tard.

*PRACTICE B–1

Tutor   : Où êtes-vous?
Student : Je suis à Paris; je rentre la semaine prochaine.

1. Où est-elle?	Elle est à Paris; elle rentre la semaine prochaine.
2. Où êtes-vous?	Je suis à Paris; je rentre la semaine prochaine.
3. Où est Janine?	Elle est à Paris; elle rentre la semaine prochaine.
4. Où sont vos frères?	Ils sont à Paris; ils rentrent la semaine prochaine.
5. Où est M. Lelong?	Il est à Paris; il rentre la semaine prochaine.
6. Où sont vos soeurs?	Elles sont à Paris; elles rentrent la semaine prochaine.
7. Où êtes-vous?	Je suis à Paris; je rentre la semaine prochaine.
8. Où est votre frère?	Il est à Paris; il rentre la semaine prochaine.

*PRACTICE B–2

Tutor   : Je change de train à Paris.
Student : Pourquoi changez-vous de train à Paris?

1. Il ne rentre pas ce soir.	Pourquoi ne rentre-t-il pas ce soir?
2. Je donne mon livre à Janine.	Pourquoi donnez-vous votre livre à Janine?
3. Elle réveille les enfants à 7 heures.	Pourquoi réveille-t-elle les enfants à 7 heures?
4. Il remercie le gérant.	Pourquoi remercie-t-il le gérant?
5. On ferme les fenêtres.	Pourquoi ferme-t-on les fenêtres?
6. Je n'écoute pas la leçon.	Pourquoi n'écoutez-vous pas la leçon?
7. Elle ne parle pas à Janine.	Pourquoi ne parle-t-elle pas à Janine?
8. Ils n'apportent pas le café.	Pourquoi n'apportent-ils pas le café?
9. Les enfants ne parlent pas anglais.	Pourquoi ne parlent-ils pas anglais?
10. Elle arrive toujours en retard.	Pourquoi arrive-t-elle toujours en retard?
11. Je change de train à Lyon.	Pourquoi changez-vous de train à Lyon?

*PRACTICE B–3

Tutor   : Déjeunez-vous avec eux aujourd'hui?
Student : Non, je ne déjeune pas avec eux aujourd'hui.

Tutor   : Le guichet ne ferme-t-il pas à 6 heures?
Student : Non, il ne ferme pas à 6 heures.

1. Ne montrez-vous pas votre livre à Janine?	Non, je ne montre pas mon livre à Janine.
2. Parlez-vous français au gérant?	Non, je ne parle pas français au gérant.

3. Donne-t-on les nouvelles à 3 h.?   Non, on ne donne pas les nouvelles à 3 h.
4. Déjeunez-vous avec eux aujourd'hui?   Non, je ne déjeune pas avec eux aujourd'hui.
5. Parle-t-on anglais en classe?   Non, on ne parle pas anglais en classe.
6. Ne rentrez-vous pas avec eux?   Non, je ne rentre pas avec eux.
7. Ne loue-t-on pas la chambre aux Lelong?   Non, on ne loue pas la chambre aux Lelong.
8. Commence-t-on la leçon 5 aujourd'hui?   Non, on ne commence pas la leçon 5 aujourd'hui.
9. Fermez-vous les fenêtres?   Non, je ne ferme pas les fenêtres.

*PRACTICE B–4

Tutor   : Je ne déjeune pas au restaurant.
Student : Je ne comprends pas pourquoi vous ne déjeunez pas au restaurant.

1. Elle ne parle pas français.   Je ne comprends pas pourquoi elle ne parle pas français.
2. J'arrive toujours en avance.   Je ne comprends pas pourquoi vous arrivez toujours en avance.
3. Je ne parle pas des vacances.   Je ne comprends pas pourquoi vous ne parlez pas des vacances.
4. Ils arrivent toujours en retard en classe.   Je ne comprends pas pourquoi ils arrivent toujours en retard en classe.
5. Je ne montre pas ce livre à Janine.   Je ne comprends pas pourquoi vous ne montrez pas ce livre à Janine.
6. On ne donne pas de café aux enfants.   Je ne comprends pas pourquoi on ne donne pas de café aux enfants.
7. Je n'écoute pas en classe.   Je ne comprends pas pourquoi vous n'écoutez pas en classe.

*PRACTICE B–5

Tutor   : Pourquoi vos amis rentrent-ils par le train?
Student : Ils rentrent par le train parce qu'ils ne sont pas pressés.

1. Pourquoi M. Lelong ne loue-t-il pas les places aujourd'hui?   Il ne loue pas les places aujourd'hui parce qu'il n'est pas pressé.
2. Pourquoi vos amis arrivent-ils à 8 heures?   Ils arrivent à 8 heures parce qu'ils ne sont pas pressés.
3. Pourquoi ne rentrez-vous pas la semaine prochaine?   Je ne rentre pas la semaine prochaine parce que je ne suis pas pressé.
4. Pourquoi commence-t-on à midi aujourd'hui?   On commence à midi aujourd'hui parce qu'on n'est pas pressé.
5. Pourquoi l'employé n'apporte-t-il pas les bagages maintenant?   Il n'apporte pas les bagages maintenant parce qu'il n'est pas pressé.
6. Pourquoi ne montez-vous pas parler au gérant tout de suite?   Je ne monte pas parler au gérant tout de suite parce que je ne suis pas pressé.
7. Pourquoi rentrez-vous plus tard ce soir?   Je rentre plus tard ce soir parce que je ne suis pas pressé.

*PRACTICE B–6

Tutor : Je déjeune au restaurant aujourd'hui.
Student : Est-ce que vous ne déjeunez pas toujours au restaurant?

1. Je suis en retard ce matin.   Est-ce que vous n'êtes pas toujours en retard?

2. Je rentre à 6 heures ce soir.   Est-ce que vous ne rentrez pas toujours à 6 heures?

3. Mon train est à l'heure aujourd'hui.   Est-ce qu'il n'est pas toujours à l'heure?

4. J'écoute ma femme.   Est-ce que vous n'écoutez pas toujours votre femme?

5. On part à 6 heures aujourd'hui.   Est-ce qu'on ne part pas toujours à 6 h.?

6. On ferme à 6 heures aujourd'hui.   Est-ce qu'on ne ferme pas toujours à 6 h.?

7. Je vais bien aujourd'hui.   Est-ce que vous n'allez pas toujours bien?

8. La classe commence à 9 heures ce matin.   Est-ce qu'elle ne commence pas toujours à 9 heures?

SITUATIONS

SITUATION I

X. Voulez-vous prendre un café?
D. Non, je ne peux pas, je suis en retard.
X. A quelle heure le train arrive-t-il?
D. A neuf heures dix.
X. Vous avez encore un quart d'heure.
D. Oui, mais je dois prendre un ticket de quai.
X. Vos enfants arrivent-ils seuls?
D. Non, ma soeur est avec eux.

M. Denis ne peut pas *prendre* de café parce qu'il est en retard. Le train arrive dans un quart d'heure, à neuf heures dix. M. Denis doit prendre un ticket de quai. Ses enfants n'arrivent pas seuls.

"to take"

SITUATION II

R. Je pars ce soir avec mon fils.
C. Vous allez à Lyon?
R. Oui, pour une semaine.
C. Allez-vous prendre des couchettes?
R. Non, ce n'est pas la peine. Nous arrivons à 2 heures du matin.
C. Si vous voulez, je peux vous conduire à la gare.
R. Merci beaucoup.

M. Rollin part avec son fils. Ils *vont* à Lyon. M. Rollin dit à M. Cadet qu'il ne va pas prendre de couchettes. Ils arrivent à Lyon à deux heures du matin. M. Cadet *propose* de conduire M. Rollin à la gare. M. Rollin le remercie.

"are going"
"proposes"

QUESTION DRILL

1. Où allez-vous vendredi prochain?
2. Où peut-on louer des places?
3. Y a-t-il des wagons-lits dans le train pour Chicago?

4. Quand vous allez à New York, déjeunez-vous dans le train?
5. A quelle heure arrivez-vous là-bas?
6. C'est combien le billet pour New York?
7. Arrivez-vous en retard pour prendre un train?
8. Fermez-vous toujours la porte du compartiment?
9. Peut-on prendre un café au wagon-restaurant?
10. Y a-t-il toujours des places dans les compartiments pour fumeurs?
11. A quel guichet demandez-vous l'heure de départ des trains?
12. Où loue-t-on les places?
13. Fait-on enregistrer les bagages à la location?
14. Où peut-on fumer dans un train?

RESPONSE DRILL

1. Demandez à … s'il loue des places pour New York.
2. Demandez à … s'il va prendre le train ce soir.
3. Dites que vous allez déjeuner au wagon-restaurant.
4. Dites que vous déjeunez à la gare.
5. Demandez à … si le train de 7 h.20 est en retard.
6. Dites que votre malle n'est pas verte.
7. Demandez à … combien de valises il a.
8. Demandez à … s'il a une petite valise.
9. Demandez à … si on peut louer des coins fenêtres.
10. Demandez à … s'il y a des wagons pour fumeurs.
11. Demandez à … par quel train il part.
12. Dites à … qu'il part par le train de 21 heures.
13. Demandez-moi si je vais louer une couchette.
14. Demandez à … dans quel wagon sont les couchettes.

REVIEW DRILLS

*REVIEW 1

1. Elle ne déjeune pas au café.
2. *Nous* ne déjeunons pas au café
3. Nous *n'allons* pas au café.
4. *Je* ne vais pas au café.
5. Je ne *suis* pas au café.
6. *Vous* n'êtes pas au café.
7. Vous ne *déjeunez* pas au café.
8. *Nos amis* ne déjeunent pas au café.
9. Nos amis ne *sont* pas au café.
10. *Mon ami* n'est pas au café.
11. Mon ami ne *déjeune* pas au café.

*REVIEW 2

1. Elle ne monte pas les valises.
2. *Je* ne monte pas les valises.
3. Nous ne *montons* pas les valises.
4. *Il* ne monte pas les valises.
5. Vous ne *portez* pas les valises.
6. *Elle* ne porte pas les valises.
7. Nous ne *fermons* pas les valises.
8. *Je* ne ferme pas les valises.
9. Vous n'*avez* pas les valises.
10. *Nous* n'avons pas les valises.
11. Vous ne *demandez* pas les valises.
12. *Il* ne demande pas les valises.

REVIEW 3

Tutor   : J'arrive à 2 heures.
Student : Je n'arrive pas à 2 heures.

1. Ils arrivent à 2 heures.
2. Je ferme la fenêtre.
3. Elles écoutent la leçon.
4. Il loue les places.
5. Je rentre à midi.
6. Je vais au restaurant.
7. Il va à la gare.
8. Je parle français.
9. Nous montons les bagages.
10. Nous avons les bagages.
11. J'apporte la valise.
12. Nous changeons de chambre.

Ils n'arrivent pas à 2 heures.
Je ne ferme pas la fenêtre.
Elles n'écoutent pas la leçon.
Il ne loue pas les places.
Je ne rentre pas à midi.
Je ne vais pas au restaurant.
Il ne va pas à la gare.
Je ne parle pas français.
Nous ne montons pas les bagages.
Nous n'avons pas les bagages.
Je n'apporte pas la valise.
Nous ne changeons pas de chambre.

*REVIEW 4

1. Je vais dans la rue.
2. Je vais *au restaurant.*
3. *Il est* au restaurant.
4. Il est *dans le train.*
5. *Nous sommes* dans le train.
6. Nous sommes *dans le compartiment.*
7. *Elles sont* dans le compartiment.
8. Elles sont *au bureau.*
9. *Il est* au bureau.
10. Il est *dans la salle de bains.*
11. *Je vais* dans la salle de bains.
12. Je vais *à la gare.*
13. *Ils sont* à la gare.
14. Ils sont *à l'hôtel.*
15. *Je vais* à l'hôtel.
16. Je vais *dans la rue.*

*REVIEW 5

1. Je suis au restaurant.
2. Je suis à la *gare.*
3. Je suis au *café.*
4. Je suis à *l'hôtel.*
5. Je suis au *guichet.*
6. Je suis à *Lille.*
7. Je suis à la *fenêtre.*

*REVIEW 6

1. Il est dans le train.
2. Il est à la *fenêtre.*
3. Il est dans la *rue.*
4. Il est au *premier étage.*
5. Il est au *guichet.*
6. Il est dans la *salle de bains.*
7. Il est dans le *compartiment.*
8. Il est à *Paris.*
9. Il est dans le *train.*

*REVIEW 7

1. Il a la chambre 12.
2. *Il va* dans la chambre 12.
3. Il va au *premier étage.*
4. *Il loue* le premier étage.
5. Il loue la *place.*
6. *Il a* la place.
7. Il a la *chambre 14.*
8. *Il déjeune* dans la chambre 14.
9. Il déjeune au *restaurant.*
10. *Il est* au restaurant.
11. Il est dans la *chambre 12.*
12. *Il a* la chambre 12.

REVIEW 8

Tutor : J'ai les billets.
Student : Vous avez les billets?

1. Vous êtes en retard.   Je suis en retard?
2. Je vais à Paris.   Vous allez à Paris?
3. Vous êtes en avance.   Je suis en avance?
4. Je rentre la semaine prochaine.   Vous rentrez la semaine prochaine?
5. Je loue les places.   Vous louez les places?
6. Vous arrivez à 2 heures.   J'arrive à 2 heures?
7. Je ne suis pas satisfait.   Vous n'êtes pas satisfait?
8. Vous montez les valises.   Je monte les valises?
9. Vous avez les billets.   J'ai les billets?
10. Je parle français.   Vous parlez français?

REVIEW 9

Tutor : C'est à l'enfant.   Tutor : Voilà la valise.
Student : C'est aux enfants.   Student : Voilà les valises.

1. Voilà l'ami de Janine.   Voilà les amis de Janine.
2. C'est à l'ami de Janine.   C'est aux amis de Janine.
3. Voilà le billet.   Voilà les billets.
4. C'est à l'enfant.   C'est aux enfants.
5. Ecoutez cet enfant.   Ecoutez ces enfants.
6. Ne lisez pas cette leçon.   Ne lisez pas ces leçons.
7. Voilà une fiche.   Voilà des fiches.
8. Où puis-je prendre cette fiche?   Où puis-je prendre ces fiches?
9. Voilà l'heure de départ.   Voilà les heures de départ.
10. J'ai un ami français.   J'ai des amis français.
11. Parlez à la soeur de Janine.   Parlez aux soeurs de Janine.

> **End of Tape 6B**
> **End of CD 6**

WRITTEN EXERCISES

(not recorded)

EXERCISE 1

Replace the definite article (le, l', la, les) with the demonstrative adjective in the following sentences.

Example: Ma valise est dans la chambre.   Ma valise est dans cette chambre.

1. Voulez-vous les livres?   _____
2. Ecoutez la phrase.   _____
3. Que veut dire le mot?   _____
4. Je sais la leçon.   _____
5. L'hôtel est à gauche.   _____
6. Ma place est dans le coin.   _____
7. Les enfants sont en classe.   _____

8. Ouvrez la fenêtre, s.v.p.   _____

9. Asseyez-vous près de la malle.   _____

10. Je voudrais faire assurer les bagages.   _____

EXERCISE 2

Traduisez en francais.

1. I'm coming back Monday morning
   by the 9 o'clock train.

2. Sit next to Janine.   _____

3. He is going to fill out this form right
   away.   _____

4. He is leaving this evening.   _____

5. I'm going to take you to the station
   this evening.   _____

6. I'm going to have the luggage brought
   up.   _____

7. We are going to arrive a few days later.   _____

8. Ask for the hours of arrival at the
   information desk.   _____

9. I see the children in the street.   _____

10. The 5:30 p.m. one is always on time.   _____

EXERCISE 3

Traduisez en anglais.

1. Vous dois-je quelque chose?   _____

2. Cet employé arrive toujours en avance.   _____

3. Cette date vous convient-elle?   _____

4. Puis-je vous conduire à la gare?   _____

5. Veut-il seulement prendre la malle?   _____

6. Ce café est trap fort.   _____

7. A quelle gare dois-je aller pour prendre
   le train pour Lille?   _____

8. Me voici! Que voulez-vous?   _____

9. Pourquoi changez-vous de classe le mois
   prochain?   _____

10. Il veut prendre un ticket de quai pour
    l'arrivée des enfants.   _____

(Answers on page 176)

FAISONS DES COURSES

Dialogue

Faisons des courses

faire (faisons)
course (f)

Let's go shopping

to do, to make (let's do)
errand

It is five o'clock. Mr. Dupré and
Mr. Petit are getting ready to leave
the office. Mr. Dupré has to go
downtown.

M. DUPRE

Savez-vous
à quelle heure ferment
les magasins?

Do you know what time the stores close?

savoir (savez-vous)
fermer
magasin (m)

to know (do you know)
to close
store

M. PETIT

Je crois qu'ils
ferment à six heures.

I think they close at six.

croire (je crois)

to believe (I believe)

M. DUPRE

Si
je prends un taxi,
j'arriverai à temps.

If I take a taxi I'll get there in time.

si
prendre (je prends)
arriver (j'arriverai)
à temps

if
to take (I take)
to arrive (I will arrive)
in time

M. PETIT

Voulez-vous que je
vous dépose
quelque part?

Do you want me to drop you someplace?

déposer
quelque part

to deposit
somewhere

M. DUPRE

Oh! Je ne voudrais
pas vous déranger.

Oh! I wouldn't want to bother you.

déranger

to disturb

M. PETIT

Pas du tout;
je dois
justement aller
en ville:

Not at all. I have to go downtown
anyway.

    justement
    ville (f)

    precisely
    city

M. DUPRE

Alors,
j'accepte
volontiers.

Then I accept gladly.

    accepter
    volontiers

    to accept
    willingly

(Au grand magasin)

(At the department store)

    magasin (m)
    grand

    store
    big, large

M. DUPRE

Je voudrais
des chemises blanches,
encolure quarante.

I'd like some white shirts, size forty. (16)

    chemise (f)
    blanche
    encolure
    quarante

    shirt
    white
    neck size
    forty

LA VENDEUSE

THE SALESWOMAN

Celles-ci sont en solde
à quinze euros.

These are on sale at fifteen euros.

    celles-ci
    en solde
    quinze

    these
    on sale
    fifteen

Nous en
vendons beaucoup
et c'est tout ce qui reste.

We sell a lot of them and this is all we
have left.

    vendre (nous vendons)
    tout
    rester

    to sell (we sell)
    all
    to remain

M. DUPRE

C'est exactement
ce qu'il
me faut.

That's exactly what I need.

exactement	exactly
falloir (il faut)	to be necessary (it's necessary)

Donnez-m'en quatre. — Let me have four of them.

LA VENDEUSE

Veuillez me
suivre à la caisse,
Monsieur. — Would you follow me to the cash register, sir.

vouloir (veuillez)	to want (would you)
suivre	to follow
caisse (f)	cash register

M. DUPRE

Je voudrais aussi
acheter des chaussures. — I'd also like to buy some shoes

aussi	also
acheter	to buy
chaussures (f)	shoes

LA VENDEUSE

Le
rayon des chaussures
est au rez-de-chaussée. — The shoe department is on the street floor.

rayon (m)	department
rez-de-chaussée (m)	street floor

(Au rayon des chaussures) — (In the shoe department)

M. DUPRE

Avez-vous
des chaussures
à grosses semelles? — Do you have any heavy-soled shoes?

grosse	heavy, thick, fat
semelle (f)	sole

LA VENDEUSE

Oui, Monsieur,
si vous voulez
venir par ici. — Yes, sir, if you would come this way.

venir	to come
par ici	this way

Quelle est
votre pointure? — What's your size?

pointure (f)	shoe size

M. DUPRE

Je chausse
du quarante-deux.

I wear size forty-two.

    chausser

    to wear shoes

LA VENDEUSE

Voici trois modèles
en marron.

Here are three styles in brown.

    modèle (m)
    marron

    style
    brown

Voulez-vous
les essayer?

Do you want to try them on?

    essayer

    to try, to try on

M. DUPRE

Cette paire
me va très bien;
combien coûte-t-elle?

This pair fits me fine; how much is it?

    paire (f)
    aller (me va)
    coûter (coûte-t-elle)

    pair
    to fit (fits me)
    to cost (does it cost)

LA VENDEUSE

Elle n'est pas
chère,
quarante-six euros quatre
vingt-quinze

It is not expensive, forty-six euros
ninety-five.

    chère

    expensive

M. DUPRE

Bien, je la prends.

Fine, I'll take it.

Dialogue Notes

(not recorded)

French neck size is measured in centimeters. To estimate from American sizes, multiply by 2.5. For a rough estimate of French shoe size, add 32 to your own size.

Useful Words

1. Je voudrais du pain.
2. Je voudrais *de la viande*.
3. Je voudrais *du fromage*.
4. Je voudrais *de l'aspirine*.
5. Je voudrais *du beurre*.
6. Je voudrais *du café*.

I would like some bread.
I would like some meat.
I would like some cheese.
I would like some aspirin.
I would like some butter.
I would like some coffee.

1. Où trouve-t-on du lait?	Where does one find milk?
2. Où trouve-t-on *des oeufs*?	Where does one find eggs?
3. Où trouve-t-on *des gâteaux*?	Where does one find cakes?
4. Où trouve-t-on *du sucre*?	Where does one find sugar?
5. Où trouve-t-on *de la salade*?	Where does one find lettuce?
6. Où trouve-t-on *des fruits*?	Where does one find fruit?

1. Les médicaments sont chers.	Medicine is expensive.
2. *Les vêtements* sont chers.	Clothes are expensive.
3. *Les bijoux* son chers.	Jewelry is expensive.
4. *Les manteaux* sont chers.	Coats are expensive.
5. *Les robes* sont chères.	Dresses are expensive.
6. *Les costumes* sont chers.	Suits are expensive.

1. Où est le linge?	Where is the linen?
2. Où est *le sucre*?	Where is the sugar?
3. Où est *la viande*?	Where is the meat?
4. Où est *le pain*?	Where is the bread?
5. Où est *l'aspirine*?	Where is the aspirin?
6. Où est *la salade*?	Where is the salad?

1. Ils sont à la pharmacie.	They are at the pharmacy.
2. Ils sont à *la boucherie*.	They are at the butcher shop.
3. Ils sont à *la boulangerie*.	They are at the bakery.
4. Ils sont à *la crèmerie*.	They are at the dairy.
5. Ils sont à *la pâtisserie*.	They are at the pastry shop.
6. Ils sont à *la bijouterie*.	They are at the jewelry store.
7. Ils sont à *la blanchisserie*.	They are at the laundry.
8. Ils sont à *la teinturerie*.	They are at the cleaner's.
9. Ils sont à *l'épicerie*.	They are at the grocery store.

1. Nous allons chez le pharmacien.	We are going to the pharmacist's.
2. Nous allons *chez le boucher*.	We are going to the butcher's.
3. Nous allons *chez le boulanger*.	We are going to the baker's.
4. Nous allons *chez le crémier*.	We are going to the dairy. (man's)
5. Nous allons *chez le pâtissier*.	We are going to the pastry (maker's).
6. Nous allons *chez le bijoutier*.	We are going to the jeweler's.
7. Nous allons *chez le blanchisseur*.	We are going to the laundry. (man's)
8. Nous allons *chez le teinturier*.	We are going to the cleaner's.
9. Nous allons *chez l'épicier*.	We are going to the grocer's.
10. Nous allons *chez le cordonnier*.	We are going to the shoemaker's.
11. Nous allons *chez le marchand de légumes*.	We are going to the vegetable merchant's.

1. Je vais nettoyer tout ce qui reste.	I'm going to clean everything that's left.
2. Je vais *réparer* tout ce qui reste.	I'm going to repair everything that's left.
3. Je vais *laver* tout ce qui reste.	I'm going to wash everything that's left.
4. Je vais *repasser* tout ce qui reste.	I'm going to iron everything that's left.
5. Je vais *donner* tout ce qui reste.	I'm going to give everything that's left.

Vocabulary Awareness

(not recorded)

an errand	une course
a store	un magasin
a department store	un grand magasin
the shirt department	le rayon des chemises
the department	le rayon
the shirt	la chemise
the neck size	l'encolure
the shoe size	la pointure
the style	le modèle
to try on shoes	essayer des chaussures
a pair of shoes	une paire de chaussures
a shoe	une chaussure
a sole	une semelle
on sale	en solde
a sale	des soldes
expensive, dear	chère
very expensive	très cher
it is expensive	c'est cher
more expensive	plus cher
the street floor	le rez-de-chaussée
the second floor	le premier étage
this way	par ici
over there	là-bas
somewhere	quelque part
the city	la ville
precisely	justement
exactly	exactement
willingly	volontiers
in time	à temps
on time	à l'heure
late (to be)	en retard (être)
late (it is)	tard (il est)
to accept	accepter
to try on	essayer
to buy	acheter
to go, to fit	aller
it is necessary to	il faut
to repair	réparer
to iron a shirt	repasser une chemise
to clean the suit	nettoyer le costume
to remain	rester

LEXICAL DRILLS

LEXICAL A–1

1. Savez-vous à quelle heure ferment les magasins?
2. Savez-vous à quelle heure *part le train*?
3. Savez-vous à quelle heure *ils arrivent*?
4. Savez-vous à quelle heure *ferment les bureaux*?
5. Savez-vous à quelle heure *je peux commencer*?
6. Savez-vous à quelle heure *il doit arriver*?
7. Savez-vous à quelle heure *il va venir*?
8. Savez-vous à quelle heure *je prends le train*?
9. Savez-vous à quelle heure *nous déjeunons*?
10. Savez-vous à quelle heure *ferment les magasins*?

LEXICAL A–2

1. Je crois qu'ils ferment à six heures.
2. Je crois *qu'ils arrivent à huit heures.*
3. Je crois *qu'ils ont des places.*
4. Je crois *qu'elle prend le train.*
5. Je crois *qu'il est en vacances.*
6. Je crois *qu'il prend un taxi.*
7. Je crois *que le taxi est libre.*
8. Je crois *que je vais en ville.*
9. Je crois *que c'est tout ce qui reste.*
10. Je crois *que j'arriverai à temps.*
11. Je crois *qu'elle chausse du 38.*
12. Je crois *qu'on loue au premier étage.*
13. Je crois *qu'ils ferment à 6 heures.*

LEXICAL A–3

1. Si je prends un taxi, j'arriverai à temps.
2. Si je prends un taxi, *j'arriverai à l'heure.*
3. Si je prends un taxi, *j'arriverai à neuf heures.*
4. Si je prends un taxi, *j'arriverai à midi.*
5. Si je prends un taxi, *j'arriverai en avance.*
6. Si je prends un taxi, *j'arriverai à cinq heures.*
7. Si je prends un taxi, *j'arriverai à six heures.*
8. Si je prends un taxi, *j'arriverai à temps.*

LEXICAL A–4

1. Voulez-vous que je vous dépose quelque part?
2. Voulez-vous que je vous dépose *au magasin?*
3. Voulez-vous que je vous dépose *chez vous?*
4. Voulez-vous que je vous dépose *à la gare?*
5. Voulez-vous que je vous dépose *à l'hôtel?*
6. Voulez-vous que je vous dépose *au restaurant?*
7. Voulez-vous que je vous dépose *à la pharmacie?*
8. Voulez-vous que je vous dépose *quelque part?*

LEXICAL A–5

1. Oh! Je ne voudrais pas vous déranger.
2. *Oh! Je ne vais pas* vous déranger.
3. *Oh! Il ne voudrait pas* vous déranger.
4. *Oh! Il ne va pas* vous déranger.
5. *Oh! Nous n'allons pas* vous déranger.
6. *Oh! Elle ne voudrait pas* vous déranger.
7. *Oh! Elle ne va pas* vous déranger.
8. *Oh! Je ne voudrais pas* vous déranger.

LEXICAL A–6

1. Je dois justement aller en ville.
2. Je dois justement *acheter quelque chose.*
3. Je dois justement *déjeuner là-bas.*
4. Je dois justement *prendre le train.*
5. Je dois justement *aller au magasin.*
6. Je dois justement *acheter de l'aspirine.*
7. Je dois justement *repasser une chemise.*
8. Je dois justement *réveiller les enfants.*
9. Je dois justement *prendre un ticket de quai.*
10. Je dois justement *aller en ville.*

End of Tape 7A

LEXICAL A–7

1. Je dois justement aller en ville.
2. *Nous allons justement* aller en ville.
3. *Il va justement* aller en ville.
4. *Elle doit justement* aller en ville.
5. *Je voudrais justement* aller en ville.
6. *J'espère justement* aller en ville.
7. *Je vais justement* aller en ville.
8. *Je dois justement* aller en ville.

LEXICAL A–8

1. Alors, j'accepte volontiers.
2. Alors, *je pars* volontiers.
3. Alors, *nous acceptons* volontiers.
4. Alors, *je rentre* volontiers.
5. Alors, *nous écoutons* volontiers.
6. Alors, *ils acceptent* volontiers.
7. Alors, *j'écoute* volontiers.
8. Alors, *j'accepte* volontiers.

LEXICAL A–9

1. Celles-ci sont en solde à quinze euros.
2. Celles-ci sont en solde *à onze euros.*
3. Celles-ci sont en solde *à treize euros.*
4. Celles-ci sont en solde *à trois euros.*
5. Celles-ci sont en solde *à douze euros.*
6. Celles-ci sont en solde *à dix euros.*
7. Celles-ci sont en solde *à deux euros.*
8. Celles-ci sont en solde *à six euros.*
9. Celles-ci sont en solde *à quinze euros.*

LEXICAL A–10

1. Nous en vendons beaucoup.
2. Nous en *donnons* beaucoup.
3. Nous en *demandons* beaucoup.
4. Nous en *lavons* beaucoup.
5. Nous en *repassons* beaucoup.
6. Nous en *louons* beaucoup.
7. Nous en *réparons* beaucoup.
8. Nous en *trouvons* beaucoup.
9. Nous en *vendons* beaucoup.

LEXICAL A–11

1. Donnez-m'en quatre.
2. Donnez-m'en *six.*
3. Donnez-m'en *neuf.*
4. Donnez-m'en *dix.*
5. Donnez-m'en *deux.*
6. Donnez-m'en *une.*
7. Donnez-m'en *cinq.*
8. Donnez-m'en *huit.*
9. Donnez-m'en *quatre.*

LEXICAL A–12

1. C'est exactement ce qu'il me faut. Donnez-m'en quatre.
2. C'est exactement ce qu'il me faut. *Trouvez-m'en quatre.*
3. C'est exactement ce qu'il me faut. *Apportez-m'en deux.*
4. C'est exactement ce qu'il me faut. *Achetez-m'en trois.*
5. C'est exactement ce qu'il me faut. *Montez-m'en cinq.*
6. C'est exactement ce qu'il me faut. *Donnez-m'en plusieurs.*
7. C'est exactement ce qu'il me faut. *Achetez-m'en quatre.*
8. C'est exactement ce qu'il me faut. *Donnez-m'en quatre.*

LEXICAL A–13

1. Je voudrais aussi acheter des chaussures.
2. Je voudrais aussi *trouver un taxi.*
3. Je voudrais aussi *trouver mon ami.*
4. Je voudrais aussi *essayer ce costume.*
5. Je voudrais aussi *présenter mon ami.*
6. Je voudrais aussi *remercier mes amis.*
7. Je voudrais aussi *retenir mes places.*
8. Je voudrais aussi *commencer plus tard.*
9. Je voudrais aussi *changer de chambre.*
10. Je voudrais aussi *acheter des chaussures.*

LEXICAL A–14

1. Voici trois modèles en marron.
2. Voici *deux modèles* en marron
3. Voici *plusieurs modèles* en marron.
4. Voici *quelques modèles* en marron.
5. Voici *un modèle* en marron.
6. Voici *des modèles* en marron.
7. Voici *le modèle* en marron.
8. Voici *les modèles* en marron.
9. Voici *trois modèles* en marron.

LEXICAL A–15

1. Voulez-vous les essayer?
2. Voulez-vous les *prendre*?
3. Voulez-vous les *suivre*?
4. Voulez-vous les *apporter*?
5. Voulez-vous les *écouter*?
6. Voulez-vous les *excuser*?
7. Voulez-vous les *réveiller*?
8. Voulez-vous les *présenter*?
9. Voulez-vous les *réparer*?
10. Voulez-vous les *essayer*?

*LEXICAL B–1

1. Je crois qu'ils ferment à six heures.
2. Je crois *qu'il part* à six heures.
3. Je crois qu'il part *à midi*.
4. Je crois *qu'on déjeune* à midi.
5. Je crois qu'on déjeune *à deux heures*.
6. Je crois *qu'ils arrivent* à deux heures.
7. Je crois qu'ils arrivent *à dix heures*.
8. Je crois *que vous partez* à dix heures.
9. Je crois que vous partez *à trois heures*.
10. Je crois *que j'arriverai* à trois heures.
11. Je crois que j'arriverai *à six heures*.
12. Je crois *qu'ils ferment* à six heures.

*LEXICAL B–2

1. Je dois justement aller en ville.
2. Je dois justement *prendre les billets*.
3. *Nous allons justement* prendre les billets.
4. Nous allons justement *déjeuner avec eux*.
5. *J'espère justement* déjeuner avec eux.
6. J'espère justement *parler à mon ami*.
7. *Il doit justement* parler à mon ami.
8. Il doit justement *retenir les places*.
9. *Je dois justement* retenir les places.
10. Je dois justement *aller en ville*.

*LEXICAL B–3

1. C'est exactement ce qu'il me faut.
2. *Voilà* exactement ce qu'il me faut.
3. Voilà exactement *ce qu'il reste*.
4. *Je vois* exactement ce qu'il reste.
5. Je vois exactement *ce que vous voulez*.
6. *Nous avons* exactement ce que vous voulez.
7. Nous avons exactement *ce que vous demandez*.
8. *Voilà* exactement ce que vous demandez.
9. Voilà exactement *ce qu'il me faut*.
10. *C'est* exactement ce qu'il me faut.

*LEXICAL B–4

1. Le rayon des chaussures est au rez-de-chaussée.
2. *Le bureau de renseignements* est au rez-de-chaussée.
3. Le bureau de renseignements est *en face.*
4. *Le Café de Paris* est en face.
5. Le Café de Paris est *près d'ici.*
6. *L'Hôtel du Midi* est près d'ici.
7. L'Hôtel du Midi est *là-bas.*
8. *Le guichet 12* est là-bas.
9. Le guichet 12 est *par ici.*
10. *Le rayon des chaussures* est par ici.
11. Le rayon des chaussures est *au rez-de-chaussée.*

*LEXICAL B–5

1. Nous en vendons beaucoup.
2. *Ils en ont* beaucoup.
3. Ils en ont *plusieurs.*
4. *Nous en donnons* plusieurs.
5. Nous en donnons *cinq.*
6. *Ils en font* cinq.
7. Ils en font *douze.*
8. *Nous en avons* douze.
9. Nous en avons *beaucoup.*
10. *Nous en vendons* beaucoup.

*LEXICAL B–6

1. Donnez-m'en quatre.
2. *Apportez-m'en* quatre.
3. Apportez-m'en *deux.*
4. *Trouvez-m'en* deux.
5. Trouvez-m'en *six.*
6. *Vendez-m'en* six.
7. Vendez-m'en *trois.*
8. *Achetez-m'en* trois.
9. Achetez-m'en *quatre.*
10. *Donnez-m'en* quatre.

*LEXICAL B–7

1. Voulez-vous les essayer?
2. *Allez-vous* les essayer?
3. Allez-vous *les réveiller?*
4. *Puis-je* les réveiller?
5. Puis-je *les nettoyer?*
6. *Allons-nous* les nettoyer?
7. Allons-nous *les accepter?*
8. *Va-t-on* les accepter?
9. Va-t-on *les essayer?*
10. *Voulez-vous* les essayer?

*Lexical B–8

1. Je voudrais aussi acheter des chaussures.
2. *Elle va* aussi acheter des chaussures.
3. Elle va aussi *repasser le linge.*
4. *Je dois* aussi repasser le linge.
5. Je dois aussi *trouver un taxi.*
6. *Il faut* aussi trouver un taxi.
7. Il faut aussi *changer de chambre.*
8. *Nous espérons* aussi changer de chambre.
9. Nous espérons aussi *rentrer la semaine prochaine.*
10. *Je voudrais* aussi rentrer la semaine prochaine.
11. Je voudrais aussi *acheter des chaussures.*

QUESTIONS ON THE DIALOGUE

1. Où sont M. Dupré et M. Petit?
M. Dupré et M. Petit sont dans leur bureau.

2. Où M. Dupré doit-il aller?
Il doit aller en ville.

3. A quelle heure les magasins ferment-ils ?
Ils ferment à six heures.

4. Pourquoi M. Dupré veut-il prendre un taxi?
Pour arriver à temps.

5. Où M. Petit doit-il aller?
Il doit aller en ville.

6. Avec qui M. Dupré va-t-il en ville?
Il va en ville avec M. Petit.

7. M. Dupré va-t-il prendre un taxi?
Non, M. Petit va déposer M. Dupré en ville.

8. M. Dupré voudrait-il des chemises vertes?
Non, il voudrait des chemises blanches.

9. Combien de chemises veut-il?
Il veut quatre chemises.

10. Sont-elles en solde?
Oui, elles sont en solde.

11. Combien coûtent-elles?
Elles coûtent 15 euros.

12. Est-ce qu'il reste beaucoup de chemises?
Non, il ne reste pas beaucoup de chemises.

13. M. Dupré va-t-il acheter des chemises?
Oui, il va acheter des chemises.

14. Combien de chemises va-t-il acheter?
Il va acheter 4 chemises.

15. Voudrait-il autre chose?
Oui, il voudrait aussi acheter des chaussures.

16. Où est le rayon des chaussures?
Il est au rez-de-chaussée.

17. Y a-t-il des chaussures à grosses semelles?
Oui, il y a des chaussures a grosses semelles.

18. Du combien M. Dupré chausse-t-il?
Il chausse du 42.

19. Les modèles sont-ils en blanc?
Non, ils sont en marron.

20. Achète-t-il 3 paires de chaussures?
Non, il achète une paire de chaussures.

21. Combien coûte la paire de chaussures?
Elle coûte 46,95 euros.

22. Est-ce que c'est cher?
Non, ce n'est pas cher.

GRAMMAR 1: NOUN-MARKERS

Grammar Note (not recorded)

Possessive adjectives

In French, the possessive adjectives (my, his, her, our, etc.) agree in gender and number with the noun which follows.

Example:

his brother
her brother $>$ son frère

his sister
her sister $>$ sa soeur

The set of possessive adjectives shows the following shapes:

| | | Before a singular noun beginning with | | Before a plural noun. |
		a vowel	a consonant	
My	if noun is feminine	mon	ma	mes
	if noun is masculine		mon	
His *Her* *It's* *One's*	if noun is feminine	son	sa	ses
	if noun is masculine		son	
Our		notre		nos
Your		votre		vos
Their		leur		leurs

Note that the forms for *our, your, their* are the same whether the following noun is feminine or masculine.

Noun-Markers Review

We have learned that:

Singular | A feminine noun beginning with a consonant can be preceded by: *la* or *une* or *cette* or *ma, sa, notre, votre, leur.*

A masculine noun beginning with a consonant can be preceded by *le* or *un* or *ce* or *mon, son, notre, votre, leur.*

Singular | Any noun beginning with a vowel can be preceded by *l'* or *un/une* or *cet/cette* or *mon, son, notre, votre, leur.*

Plural | Nouns can be preceded by *les* or *des* or *ces* or *mes, ses, nos, vos, leurs.*

LEARNING DRILLS

LEARNING 1
1. Voilà ma valise.
2. Voilà *mes valises.*
3. Voilà *ma soeur.*
4. Voilà *mes soeurs.*
5. Voilà *mon frère.*
6. Voilà *mes frères.*
7. Voilà *mon livre.*
8. Voilà *mes livres.*

LEARNING 2
1. C'est mon ami.
2. C'est *mon hôtel.*
3. C'est *mon étage.*
4. C'est *mon épicier.*
5. C'est *mon épicerie.*
6. C'est *mon encolure.*
7. C'est *mon ami.*

LEARNING 3
1. Où est votre valise?
2. Où est *votre frère?*
3. Où est *votre soeur?*
4. Où est *notre valise?*
5. Où est *notre compartiment?*
6. Où est *notre monnaie?*
7. Où est *notre malle?*
8. Où est *notre taxi?*

LEARNING 4
1. Où est leur soeur?
2. Où est *leur frère?*
3. Où est *leur valise?*
4. Où est *leur compartiment?*
5. Où est *leur hôtel?*
6. Où est *leur ami?*
7. Où est *leur malle?*
8. Où est *leur bureau?*

LEARNING 5
1. Où sont leurs soeurs?
2. Où sont *leurs frères?*
3. Où sont *leurs parents?*
4. Où sont *leurs bagages?*
5. Où sont *leurs places?*
6. Où sont *leurs billets?*
7. Où sont *leurs livres?*
8. Où sont *leurs couchettes?*

LEARNING 6
1. Nos amis sont ici.
2. *Vos enfants* sont ici.
3. Vos bagages sont ici.
4. *Nos billets* sont ici.
5. *Vos enfants* sont ici.
6. *Nos fiches* sont ici.
7. *Vos valises* sont ici.
8. *Nos amis* sont ici.

> **End of Tape 7B**
> **End of CD 7**

LEARNING 7
1. Ils sont avec ma soeur.
2. Ils sont avec *sa soeur.*
3. Ils sont avec *mon frère.*
4. Ils sont avec *son frère.*
5. Ils sont avec *mes soeurs.*
6. Ils sont avec *ses soeurs.*
7. Ils sont avec *mes frères.*
8. Ils sont avec *ses frères.*

LEARNING 8
1. Où sont mes amis?
2. Où sont *ses amis?*
3. Où sont *leurs amis?*
4. Où sont *nos amis?*
5. Où sont *vos amis?*
6. Où sont *mes amis?*

LEARNING 9

1. Voilà mes amis.
2. Voilà *mon ami.*
3. Voilà *notre ami.*
4. Voilà *nos amis.*
5. Voilà *son ami.*
6. Voilà *ses amis.*
7. Voilà *leur ami.*
8. Voilà *leurs amis.*
9. Voilà *votre ami.*

PRACTICE DRILLS

PRACTICE A-1

Tutor   : Nos valises sont à l'hôtel.
Student : Notre valise est à l'hôtel.

1. Vos valises sont blanches.   Votre valise est blanche.
2. Mes valises sont à la gare.   Ma valise est à la gare.
3. Ses valises sont vertes.   Sa valise est verte.
4. Leurs valises sont chères.   Leur valise est chère.
5. Nos enfants sont en vacances.   Notre enfant est en vacances.
6. Vos amis sont ici.   Votre ami est ici.
7. Ses amis sont français.   Son ami est français.
8. Leurs amis sont à l'hôtel.   Leur ami est à l'hôtel.

PRACTICE A–2

Tutor   : Vous avez votre billet?
Student : Oui? j'ai mon billet.

1. Vous avez vos livres?   Oui, j'ai mes livres.
2. Vous avez votre fiche?   Oui, j'ai ma fiche.
3. Vous avez votre place?   Oui, j'ai ma place.
4. Vous avez vos valises?   Oui, j'ai mes valises.
5. Vous avez votre ticket de quai?   Oui, j'ai mon ticket de quai.
6. Vous avez votre livre?   Oui, j'ai mon livre.
7. Vous avez vos bagages?   Oui, j'ai mes bagages.

PRACTICE A–3

Tutor   : C'est la valise de votre soeur?
Student : Oui, c'est sa valise.

1. C'est le frère de Janine?   Oui, c'est son frère.
2. C'est la place de votre ami?   Oui, c'est sa place.
3. C'est le bureau du gérant?   Oui, c'est son bureau.
4. C'est la soeur de Janine?   Oui, c'est sa soeur.
5. C'est le manteau de Janine?   Oui, c'est son manteau.
6. C'est la chambre de votre frère?   Oui, c'est sa chambre.
7. C'est le livre de votre soeur?   Oui, c'est son livre.

PRACTICE A–4

Tutor : Les parents de Janine sont ici.
Student : Ses parents sont ici.

1.	La mère de Janine est à Paris.	Sa mère est à Paris.
2.	Le père de Janine est au bureau.	Son père est au bureau.
3.	Les soeurs de Janine sont en vacances.	Ses soeurs sont en vacances.
4.	La fille de mes amis est en vacances.	Leur fille est en vacances.
5.	Les fils de mes amis sont en vacances.	Leurs fils sont en vacances.
6.	L'ami de mes fils est ici.	Leur ami est ici.
7.	L'ami de mes filles est ici.	Leur ami est ici.
8.	Les amis de ma fille sont ici.	Ses amis sont ici.
9.	Les amis de mon fils sont à Paris.	Ses amis sont à Paris.
10.	L'ami de Janine est ici.	Son ami est ici.
11.	L'ami de mon frère est à Lille.	Son ami est à Lille.
12.	La chambre de mon père est au premier étage.	Sa chambre est au premier étage.
13.	La chambre de ma soeur est à gauche.	Sa chambre est à gauche.
14.	La chambre de mon ami est à gauche.	Sa chambre est à gauche.
15	Les amis de M. et Mme Lelong arrivent.	Leurs amis arrivent.
16.	Les enfants de M. et Mme Lelong arrivent.	Leurs enfants arrivent.
17.	Les chambres de mes frères sont au premier étage.	Leurs chambres sont au premier étage.

PRACTICE A–5

1. J'ai la chambre six; c'est ma chambre.
2. *Il a la chambre six;* c'est sa chambre.
3. *Nous avons la chambre six;* c'est notre chambre.
4. *Ils ont la chambre six;* c'est leur chambre.
5. *Elle a la chambre six;* c'est sa chambre.
6. *Il a la chambre six;* c'est sa chambre.
7. *Elles ont la chambre six;* c'est leur chambre.
8. *Vous avez la chambre six;* c'est votre chambre.

PRACTICE A–6

Tutor : Votre chambre et ma chambre sont petites.
Student : Nos chambres sont petites.

1.	Les valises de mon ami sont à l'enregistrement.	Ses valises sont à l'enregistrement.
2.	Ma valise et la valise de mon ami sont à l'enregistrement.	Nos valises sont à l'enregistrement.
3.	Votre valise et la valise de votre ami sont à l'enregistrement.	Vos valises sont à l'enregistrement.

4. Votre valise et la valise de votre
   ami sont ici.

Vos valises sont ici.

5. Le taxi de votre ami est ici.

Son taxi est ici.

6. Les bagages de mes parents
   arrivent ce soir.

Leurs bagages arrivent ce soir.

7. La chambre de mon frère et ma
   chambre sont au premier étage.

Nos chambres sont au premier étage.

8. La valise de votre ami est
   dans le compartiment à côté.

Sa valise est dans le compartiment à côté.

9. Les bagages de mes parents
   arrivent ce soir.

Leurs bagages arrivent ce soir.

10. La chambre de mon frère et ma
    chambre sont au premier étage.

Nos chambres sont au premier étage.

PRACTICE A–7

Tutor   : J'ai les billets de vos amis.
Student : Vous avez leurs billets?

1. J'ai le billet de votre ami.
2. J'ai votre billet.
3. J'ai mon billet.
4. J'ai la fiche de vos amis.
5. J'ai les fiches de votre ami.
6. J'ai votre billet et le billet de votre ami.
7. J'ai mon billet et le billet de mon ami.
8. J'ai ma valise.
9. J'ai la valise de votre soeur.

Vous avez son billet?
Vous avez mon billet?
Vous avez votre billet?
Vous avez leur fiche?
Vous avez ses fiches?
Vous avez nos billets?
Vous avez vos billets?
Vous avez votre valise?
Vous avez sa valise?

PRACTICE A–8

1. Je n'ai pas mes bagages.
2. *Il n'a pas* ses bagages.
3. *Nous n'avons pas* nos bagages.
4. *Vous n'avez pas* vos bagages.
5. *Ils n'ont pas* leurs bagages.
6. *Elle n'a pas* ses bagages.
7. *Je n'ai pas* mes bagages.
8. *Elles n'ont pas* leurs bagages.

PRACTICE A–9

Tutor   : Votre fille est ici?
Student : Oui, ma fille est ici.

1. Vous avez vos bagages?
2. Ils ont leurs bagages?

Oui, j'ai mes bagages.
Oui, ils ont leurs bagages.

3. Ma valise est au premier étage?   Oui, votre valise est au premier étage.
4. Vous avez le billet de votre ami?   Oui, j'ai son billet.
5. C'est la chambre de votre ami?   Oui, c'est sa chambre.
6. Votre ami a-t-il votre billet?   Oui, il a mon billet.
7. Janine a-t-elle la valise des enfants?   Oui, elle a leur valise.
8. A-t-on les billets des enfants?   Oui, on a leurs billets.
9. Vous avez votre livre?   Oui, j'ai mon livre.
10. Vous avez mes livres?   Oui, j'ai vos livres.

*Practice B–1

1. Nos valises sont ici.
2. Notre valise *est là-bas.*
3. *Vos amis* sont là-bas.
4. Votre ami *est en retard.*
5. *Mes frères* sont en retard.
6. Mon frère *est en vacances.*
7. *Leurs enfants* sont en vacances.
8. Leur enfant *est là-bas.*
9. *Vos soeurs* sont là-bas.
10. Votre soeur *est ici.*
11. *Nos valises* sont ici.

GRAMMAR 2: NOUN-MARKERS

Grammar Note (not recorded)

Indefinite articles *du, de la* ... etc ...

Avez-vous des nouvelles?
On achète de l'aspirine chez le pharmacien.
On trouve du sucre à l'épicerie.
On achète de la viande chez le boucher.

In Unit 3, grammar note 2, we have learned the preposition *à* followed by a definite article (*à la, au,* etc ...). We are now going to study the preposition *de* followed by a definite article.

Here are the shapes:

Singular:

de la before a feminine noun beginning with a consonant.

Je voudrais de la viande.   I would like some meat.

du before a masculine noun beginning with a consonant.

Je voudrais du pain.   I would like some bread.

de l' before any noun beginning with a vowel.

Je voudrais de l'aspirine.   I would like some aspirin.

Plural:

> *des* before masculine and feminine nouns.

> Je voudrais des gâteaux. | I would like some cakes.

du, de la, de l', des have different equivalents in English:

1. *some, any* (indicating quantity)

> Voulez-vous du beurre? | Do you want some butter?
> Avez-vous de la viande? | Do you have any meat?

(see L.1,2–Gr.2)

The English equivalent for *des* might sometimes be omitted in English. For practical purposes we have translated it by *some* or *any*.

> Avez-vous des bagages? | Do you have any luggage?
> | Do you have luggage?

2. *from the*

> M. Lelong rentre de la gare. | Mr. Lelong is coming back from the station.

> Cette rue va de l'hôtel à la gare. | This street goes from the hotel to the station.

3. *possessive case*

> C'est le frère du boucher. | He is the butcher's brother.
> C'est la fenêtre de l'hôtel. | It's the hotel window.
> C'est la chambre des enfants. | It's the children's room.

(see L.5–Gr.2)

		before a consonant	before a vowel
Singular	masculine	du	de l'
	feminine	de la	
Plural	masculine & feminine	des	

LEARNING DRILLS

LEARNING 1

1. Voulez-vous du beurre?
2. Voulez-vous *du lait?*
3. Voulez-vous *du pain?*
4. Voulez-vous *du café?*
5. Voulez-vous *du sucre?*
6. Voulez-vous *du fromage?*
7. Voulez-vous *du beurre?*

LEARNING 2

1. Avez-vous de la viande?
2. Avez-vous *de la salade?*
3. Avez-vous *de la crème?*
4. Avez-vous *de la monnaie?*
5. Avez-vous *de l'aspirine?*
6. Avez-vous *de la viande?*

LEARNING 3

1. Ils sont près du bureau.
2. Ils sont près *du restaurant.*
3. Ils sont près *du café.*
4. Ils sont près *du magasin.*
5. Ils sont près *du guichet.*
6. Ils sont près *du wagon.*
7. Ils sont près *du bureau.*

LEARNING 4

1. C' est à côté de la boulangerie.
2. C' est à côté *de la pâtisserie.*
3. C'est à côté *de la boucherie.*
4. C'est à côté *de la gare.*
5. C'est à côté *de la valise.*
6. C'est à côté *de la bijouterie.*
7. C'est à côté *de la pharmacie.*
8. C'est à côté *de l'épicerie.*
9. C'est à côté *de l'hôtel.*
10. C'est à côté *de la boulangerie.*

LEARNING 5

1. C'est le frère du boucher.
2. C'est le frère *du boulanger.*
3. C'est le frère *du pâtissier.*
4. C'est le frère *du bijoutier.*
5. C'est le frère *du pharmacien.*
6. C'est le frère *du gérant.*
7. C'est le frère *du boucher.*

LEARNING 6

1. Est-ce que vous avez des bagages?
2. Est-ce que vous avez *des livres?*
3. Est-ce que vous avez *des places?*
4. Est-ce que vous avez *des couchettes?*
5. Est-ce que vous avez *des billets?*
6. Est-ce que vous avez *des vacances?*
7. Est-ce que vous avez *des bagages?*

LEARNING 7

1. Je voudrais du café.
2. Je voudrais *de la viande.*
3. Je voudrais *des vacances.*
4. Je voudrais *de l'aspirine.*
5. Je voudrais *de la monnaie.*
6. Je voudrais *des oeufs.*
7. Je voudrais *de la crème.*
8. Je voudrais *des gâteaux.*
9. Je voudrais *du pain.*
10. Je voudrais *de l'aspirine.*
11. Je voudrais *du fromage.*
12. Je voudrais *des bijoux.*
13. Je voudrais *de la salade.*

PRACTICE DRILLS

PRACTICE A–1

1. Avez-vous de la viande?
2. Avez-vous du *pain*?
3. Avez-vous de la *salade*?
4. Avez-vous du *café*?
5. Avez-vous du *beurre*?
6. Avez-vous de la *crème*?
7. Avez-vous du *fromage*?
8. Avez-vous du *sucre*?

PRACTICE A–2

1. Avez-vous des gâteaux?
2. Avez-vous du *lait*?
3. Avez-vous de la *salade*?
4. Avez-vous de l'*aspirine*?
5. Avez-vous du *fromage*?
6. Avez-vous des *vacances*?
7. Avez-vous du *pain*?
8. Avez-vous de la *viande*?
9. Avez-vous des *nouvelles*?
10. Avez-vous du *sucre*?
11. Avez-vous de l'*aspirine*?
12. Avez-vous des *billets*?
13. Avez-vous de la *crème*?

PRACTICE A–3

1. C'est près du café.
2. C'est prés de la *boucherie*.
3. C'est près de la *blanchisserie*.
4. C'est près de l'*hôtel*.
5. C'est près de la *gare*.
6. C'est près de la *pharmacie*.
7. C'est près du *guichet*.
8. C'est près du *wagon-lit*.
9. C'est près de la *boulangerie*.
10. C'est près du *restaurant*.
11. C'est près de l'*épicerie*.
12. C'est près du *magasin*.
13. C'est près de la *pâtisserie*.

GRAMMAR 3: NUMBERS TO 100

Grammar Note (not recorded)

The cardinal number noun-markers from 20 to 100 are as follows in their isolation forms:

20	vingt	21	vingt et un
30	trente	31	trente et un
40	quarante	41	quarante et un
50	cinquante	51	cinquante et un
60	soixante	61	soixante et un
70	soixante-dix	71	soixante et onze
80	quatre-vingts	81	quatre-vingt-un
90	quatre-vingt-dix	91	quatre-vingt-onze
100	cent	101	cent un

All other forms are composed of the numbers from 1 through 19 postposed:

22	vingt-deux
23	vingt-trois
24	vingt-quatre
25	vingt-cinq
26	vingt-six
27	vingt-sept
28	vingt-huit
29	vingt-neuf
32	trente-deux
42	quarante-deux
52	cinquante-deux
62	soixante- deux
72	soixante-douze

LEARNING DRILLS

LEARNING 1

1. Ça fait 5 euros.
2. Ça fait *40 euros.*
3. Ça fait *45 euros.*
4. Ça fait *100 euros.*
5. Ça fait *145 euros.*

LEARNING 2

1. Ça fait 1 euro.
2. Ça fait *21 euros.*
3. Ça fait *20 euros.*
4. Ça fait *80 euros.*
5. Ça fait *81 euros.*
6. Ça fait *100 euros.*
7. Ça fait *180 euros.*
8. Ça fait *181 euros.*

LEARNING 3

1. Ça fait 1 euro.
2. Ça fait *60 euros.*
3. Ça fait *61 euros.*
4. Ça fait *11 euros.*
5. Ça fait *60 euros.*
6. Ça fait *71 euros.*
7. Ça fait *10 euros.*
8. Ça fait *80 euros.*
9. Ça fait *91 euros.*

LEARNING 4

1. Ça coûte 100 euros.
2. Ça coûte *1 euro.*
3. Ça coûte *101 euros.*
4. Ça coûte *106 euros.*
5. Ça coûte *105 euros.*
6. Ça coûte *20 euros.*
7. Ça coûte *1 euro.*
8. Ça coûte *21 euros.*
9. Ça coûte *100 euros.*
10. Ça coûte *121 euros.*

LEARNING 5

1. Il a 80 ans.
2. Il a *10 ans.*
3. Il a *6 ans.*
4. Il a *70 ans.*
5. Il a *90 ans.*
6. Il a *3 ans.*
7. Il a *2 ans.*

LEARNING 6

1. Il a 10 ans.
2. Il a *101 ans.*
3. Il a *60 ans.*
4. Il a *61 ans.*
5. Il a *50 ans.*
6. Il a *51 ans.*
7. Il a *30 ans.*
8. Il a *31 ans.*
9. Il a *20 ans.*
10. Il a *21 ans.*
11. Il a *20 ans.*
12. Il a *40 ans.*
13. Il a *41 ans.*

LEARNING 7

1. Donnez-m'en 7.
2. Donnez-m'en *9.*
3. Donnez-m'en *8.*
4. Donnez-m'en *17.*
5. Donnez-m'en *18.*
6. Donnez-m'en *30.*
7. Donnez-m'en *40.*
8. Donnez-m'en *50.*
9. Donnez-m'en *60.*

LEARNING 8

1. Donnez-m'en 6.
2. Donnez-m'en *10.*
3. Donnez-m'en *70.*
4. Donnez-m'en *90.*
5. Donnez-m'en *36.*
6. Donnez-m'en *56.*
7. Donnez-m'en *86.*

LEARNING 9

1. Nous en avons 5.
2. Nous en avons *4.*
3. Nous en avons *9.*
4. Nous en avons *11.*
5. Nous en avons *12.*
6. Nous en avons *13.*
7. Nous en avons *16.*
8. Nous en avons *2.*
9. Nous en avons *100.*
10. Nous en avons *5.*

End of Tape 8A

PRACTICE DRILLS

PRACTICE A–1

Tutor : Combien font 11 et 1?
Student : 11 et 1 font 12.

1. Combien font 10 et 2?	10 et 2 font 12.
2. Combien font 6 et 4?	6 et 4 font 10.
3. Combien font 5 et 6?	5 et 6 font 11.
4. Combien font 12 et 1?	12 et 1 font 13.
5. Combien font 15 et 5?	15 et 5 font 20.
6. Combien font 2 et 1?	2 et 1 font 3.
7. Combien font 10 et 2?	10 et 2 font 12.
8. Combien font 3 et 3?	3 et 3 font 6.
9. Combien font 1 et 11?	1 et 11 font 12.
10. Combien font 3 et 12?	3 et 12 font 15.
11. Combien font 11 et 2?	11 et 2 font 13.
12. Combien font 13 et 3?	13 et 3 font 16.
13. Combien font 6 et 6?	6 et 6 font 12.
14. Combien font 5 et 5?	5 et 5 font 10.

PRACTICE A–2

Lisez:

1. 10 – 10 – 12
2. 12 – 2 – 10
3. 2 – 10 – 12
4. 10 – 12 – 2
5. 12 – 12 – 10
6. 2 – 2 – 12
7. 2 – 2 – 2
8. 12 – 10 – 12
9. 13 – 3 – 30
10. 3 – 13 – 30
11. 30 – 3 – 13
12. 13 – 13 – 30
13. 3 – 3 – 13
14. 30 – 30 – 13
15. 13 – 3 – 3
16. 13 – 13 – 13
17. 6 – 16 – 7
18. 7 – 16 – 6
19. 16 – 7 – 6
20. 6 – 6 – 7
21. 16 – 7 – 7
22. 16 – 6 – 6
23. 7 – 7 – 6
24. 16 – 6 – 6

PRACTICE A–3

Lisez:

1. 21 – 81 – 91
2. 91 – 81 – 21
3. 21 – 81 – 21
4. 81 – 91 – 81
5. 21 – 81 – 21
6. 61 – 71 – 111
7. 71 – 111 – 111
8. 111 – 71 – 111
9. 61 – 71 – 111
10. 61 – 111 – 71
11. 116 – 76 – 106
12. 76 – 116 – 116
13. 106 – 116 – 76
14. 76 – 106 – 106
15 116 – 76 – 116

PRACTICE A–4

Lisez:

1. 21 – 101 – 81
2. 91 – 71 – 81
3. 61 – 21 – 31
4. 71 – 91 – 111
5. 90 – 91 – 92
6. 21 – 22 – 23
7. 81 – 82 – 83
8. 41 – 14 – 40
9. 13 – 30 – 3
10. 33 – 103 – 53
11. 19 – 18 – 16
12. 15 – 14 – 4
13. 88 – 68 – 108
14. 78 – 108 – 68
15 38 – 48 – 28
16. 88 – 108 – 18
17. 99 – 29 – 89
18. 19 – 49 – 79
19. 100 – 5 – 120
20. 5 – 100 – 101

PRACTICE A–5

Tutor : 8 – 10
Student: 9

1. 10 – 12
2. 20 – 22
3. 60 – 62
4. 30 – 32
5. 39 – 41
6. 70 – 72
7. 69 – 71
8. 80 – 82
9. 20 – 22
10. 79 – 81
11. 89 – 91
12. 99 – 101

PRACTICE A–6
(not recorded)

Ecrivez:

 12– 2– 10– 10– 12– 6– 16– 6– 6–
 61– 61– 71– 111– 66– 106– 116– 106– 66–
 101– 105– 111– 71– 111– 101– 61– 101– 71– 66–
 41– 105– 111– 71– 111– 101– 61– 101– 71– 111–

 199– 169– 109– 171– 111– 166– 160–
 103– 113– 140– 161– 183– 181– 182– 181– 192–
 133– 153– 147– 112– 119– 116– 121– 134–
 149– 150– 105– 148– 184– 114– 174–
 113– 115– 165– 193– 198– 177– 166–

PRACTICE A–7

| Tutor : 11 | Tutor : 5 | Tutor : 92 |
| Student : 21 | Student : 15 | Student : 102 |

 61- 80- 101- 1- 56- 106-
 3- 19- 11- 32- 67- 88- 121-
 71- 91- 189- 154- 6- 12- 54-

PRACTICE A–8

Tutor   : J'ai 100 euros.
Student : J'ai 105 euros.

 1. Elle a 29 ans.   Elle a 34 ans.
 2. Il me faut 1 heure.   Il me faut 6 heures.
 3. J'ai 105 euros.   J'ai 110 euros.
 4. J'ai 24 ans.   J'ai 29 ans.
 5. Il me reste 100 euros.   Il me reste 105 euros.
 6. J'ai 95 euros.   J'ai 100 euros.
 7. Il me faut 145 heures.   Il me faut 150 heures.
 8. Il a 76 ans.   Il a 81 ans.
 9. J'ai 175 euros.   J'ai 180 euros.
10. J'ai 111 euros.   J'ai 116 euros.
11. Il me faut 14 heures.   Il me faut 19 heures.

PRACTICE A–9

Tutor   : Le train part à 4 heures du soir.
Student : Le train part à 16 heures.

 1. Le train de Paris arrive à 5 heures du soir.   Le train de Paris arrive à 17 heures.
 2. Mon train part à 8 heures du matin.   Mon train part à 8 heures.
 3. Le train part à 8 heures et demie du soir.   Le train part à 20 heures 30.
 4. Le train arrive à 2 heures du matin.   Le train arrive à 2 heures.
 5. Nous arrivons par le train de   Nous arrivons par le train de 16 heures.
    4 heures du soir.
 6. Le train part à 11 heures du soir.   Le train part à 23 heures.
 7. Le train arrive à 4 heures du matin.   Le train arrive à 4 heures.

8. Le train arrive à Paris à 7 heures
et demie du matin.

9. Le train part à midi cinq.

10. Le train arrive à midi moins dix.

Le train arrive à Paris à 7 heures 30.

Le train part à 12 heures 05.

Le train arrive à 11 heures 50.

GRAMMAR 4: PREPOSITIONS: *CHEZ/À*

Grammar Note (not recorded)

> Voulez-vous aller au café?
> On achète du fromage chez le crémier.
> On trouve des médicaments à la pharmacie.

The form *chez*, like the forms *à* and *de*, is a preposition and occurs before nouns and pronouns. However, *chez* occurs only before a noun (or pronoun) which refers to a person, *à* has no such restriction.

chez (a person)

"at, to a person's house, home, office, store, place of business, etc."

à (a place)

"at, to a place, etc."

Je vais chez le boulanger.
Je vais à la boulangerie.

"I'm going to the baker's."
"I'm going to the bakery."

On fait nettoyer les costumes
chez le teinturier.

"You have your suits cleaned at
the dry cleaner's."

On fait nettoyer les costumes
à la teinturerie.

"You have your suits cleaned at
the dry cleaning shop."

In fact, the two forms:

Je vais chez le boulanger – Je vais à la boulangerie

have exactly the same meaning, but the two prepositions are not interchangeable.

LEARNING DRILLS

LEARNING 1

1. Nous allons chez le boucher.
2. Nous allons *chez l'épicier.*
3. Nous allons *chez le pharmacien.*
4. Nous allons *chez le boulanger.*
5. Nous allons *chez le marchand de légumes.*
6. Nous allons *chez le cordonnier.*
7. Nous allons *chez le crémier.*
8. Nous allons *chez M. Durand.*
9. Nous allons *chez Mme Lelong.*
10. Nous allons *chez Mlle Courtois.*
11. Nous allons *chez leurs amis.*
12. Nous allons *chez Janine.*

LEARNING 2

1. Ils sont chez eux.
2. Ils sont *chez moi.*
3. Ils sont *chez vous.*
4. Ils sont *chez nous.*
5. Ils sont *chez Janine.*
6. Ils sont *chez mon ami.*
7. Ils sont *chez M. Durand.*

LEARNING 3

1. Je vais à la boulangerie.
2. Je vais *à la pharmacie.*
3. Je vais *à l'hôtel.*
4. Je vais *à l'épicerie.*
5. Je vais *à la bijouterie.*
6. Je vais *à la crémerie.*
7. Je vais *à la boucherie.*
8. Je vais *à la pâtisserie.*

LEARNING 4

1. Ils sont à la pharmacie.
2. Ils sont *chez le pharmacien.*
3. Ils sont *à la boucherie.*
4. Ils sont *chez le boucher.*
5. Ils sont *à la pâtisserie.*
6. Ils sont *chez le pâtissier.*
7. Ils sont *à la boulangerie.*
8. Ils sont *chez le boulanger.*
9. Ils sont *à l'epicerie.*
10. Ils sont *chez l'épicier.*
11. Ils sont *à la crémerie.*
12. Ils sont *chez le crémier.*

PRACTICE DRILLS

PRACTICE A–1

Tutor : Il va à la pâtisserie.
Student : Il va chez le pâtissier.

1. Il va à la crémerie.
2. Ils sont à la boucherie.
3. Elle est à l'épicerie.
4. Je vais à la blanchisserie.
5. Il est à la bijouterie.
6. Nous sommes à la boulangerie.
7. Elle va à la teinturerie.
8. Il va à la pâtisserie.

Il va chez le crémier.
Ils sont chez le boucher.
Elle est chez l'epicier.
Je vais chez le blanchisseur.
Il est chez le bijoutier.
Nous sommes chez le boulanger.
Elle va chez le teinturier.
Il va chez le pâtissier.

PRACTICE A–2

1. Il va à la pâtisserie.
2. Il va chez le *pâtissier.*
3. Il va *à la gare.*
4. Il va chez le *boucher.*
5. Il va *à la boucherie.*
6. Il va chez le *bijoutier.*
7. Il va chez le *blanchisseur.*
8. Il va *à la blanchisserie.*
9. Il va chez le *cordonnier.*
10. Il va *à la boulangerie.*

11. Il va chez le *teinturier.*
12. Il va à l'*épicerie.*
13. Il va chez l'*épicier.*

PRACTICE A–3

Tutor   : Où va-t-on quand on veut du beurre?
Student : Quand on veut du beurre, on va à la crèmerie. (ou chez le crémier)

1. Où va-t-on quand on veut de la viande? Quand on veut de la viande, on va chez le boucher.
2. Où va-t-on quand on veut du pain? Quand on veut du pain, on va à la boulangerie.
3. Où va-t-on quand on veut des gâteaux? Quand on veut des gâteaux, on va à la pâtisserie.
4. Où va-t-on quand on veut de la crème? Quand on veut de la crème, on va chez le crémier.
5. Où va-t-on quand on veut des légumes? Quand on veut des légumes, on va chez le marchand de légumes.
6. Où va-t-on quand on veut acheter du sucre? Quand on veut acheter du sucre, on va à l'épicerie.
7. Où va-t-on quand on veut acheter de la salade? Quand on veut acheter de la salade, on va chez le marchand de légumes.

PRACTICE A–4

1. On achète du lait à la crémerie. (ou chez le crémier)
2. *On fait du pain* chez le boulanger.
3. *On répare les chaussures* chez le cordonnier.
4. *On fait des gâteaux* à la pâtisserie.
5. *On achète du sucre* à l'épicerie.
6. *On fait nettoyer les costumes* chez le teinturier.
7. *On fait laver le linge* chez le blanchisseur.
8. *On achète des chemises et des chaussures* au grand magasin.
9. *On achète les légumes* chez le marchand de légumes.
10. *On achète de la crème* à la crémerie.
11. *On achète de la viande* chez le boucher.
12. *On trouve des légumes* chez le marchand de légumes.

GRAMMAR 5: VERB *ALLER*

Grammar Note (not recorded)

Comment allez-vous?
Où allons-nous déjeuner?
Voulez-vous aller au café de Paris?
Comment va votre frère?
Je vais les remplir tout de suite.
Cette paire me va très bien.

The third of the highly frequent verbs in French is *aller*, "to go." Here are its forms:

SP ___ Verb

je vais	"I go"
il va	"he goes"
ils vont	"they go"
nous allons	"we are going"
vous allez	"you are going"

Verb ___ SP

est-ce que je vais…?	"am I going?"
vais-je…?	"am I going?"
va-t-il…?	"is he going?"
vont-ils…?	"are they going?"
allons-nous…?	"are we going?"
allez-vous…?	"are you going?"

SP   ne   Verb   pas

je ne vais pas	"I am not going"
il ne va pas	"he is not going"
ils ne vont pas	"they are not going"
nous n'allons pas	"we are not going"
vous n'allez pas	"you are not going"

ne   Verb   SP   pas

est-ce que je ne vais pas..?	"am I not going?"
ne vais-je pas…?	"am I not going?"
ne va-t-il pas…?	"isn't he going?"
ne vont-ils pas…?	"aren't they going?"
n'allons-nous pas…?	"aren't we going?"
n'allez-vous pas…?	"aren't you going?"

Aller has several equivalents in English:

1. *to go*

Voulez-vous aller au Café de Paris?	Do you want to go to the Café de Paris?

2. *to be going to*   (concept of future)

Je vais les remplir tout de suite.	I'm going to fill them out right away.

3. *to be*   (talking about health)

Comment allez-vous?	How are you?
Il va bien.	He is fine.

4. *to fit*

Cette paire me va très bien.	This pair fits me very well.

LEARNING DRILLS

LEARNING 1

1. Nous allons en ville.
2. *Je vais* en ville.
3. *Il va* en ville.
4. *Elles vont* en ville.
5. *Vous allez* en ville.
6. *Ils vont* en ville.
7. *On va* en ville.
8. *Nous allons* en ville.

LEARNING 2

1. Je ne vais pas au bureau.
2. *Il ne va pas* au bureau.
3. *On ne va pas* au bureau.
4. *Je ne vais pas* au bureau.
5. *Ils ne vont pas* au bureau.
6. *Elle ne va pas* au bureau.
7. *Elles ne vont pas* au bureau.
8. *Je ne vais pas* au bureau.

LEARNING 3

1. Vous n'allez pas au magasin?
2. Vous n'allez pas *à la gare?*
3. Vous n'allez pas *au bureau?*
4. Vous n'allez pas *en ville?*
5. Vous n'allez pas *chez le cordonnier?*
6. Vous n'allez pas *à l'épicerie?*
7. Vous n'allez pas *au restaurant?*
8. Vous n'allez pas *au magasin?*

LEARNING 4

1. Nous n'allons pas à Paris?
2. *Ils ne vont pas* à Paris?
3. *Elle ne va pas* à Paris?
4. *Vous n'allez pas* à Paris?
5. *Je ne vais pas* à Paris?
6. *Il ne va pas* à Paris?
7. *On ne va pas* à Paris?
8. *Elles ne vont pas* à Paris?
9. *Nous n'allons pas* à Paris?

LEARNING 5

1. Allez-vous déjeuner?
2. *Vont-ils* déjeuner?
3. *Va-t-il* déjeuner?
4. *Vont-elles* déjeuner?
5. *Va-t-elle* déjeuner?
6. *Allons-nous* déjeuner?
7. *Va-t-on* déjeuner?
8. *Allez-vous* déjeuner?

LEARNING 6

1. Les enfants vont-ils en vacances?
2. *Votre amie va-t-elle* en vacances?
3. *Votre ami va-t-il* en vacances?
4. *Vos amis vont-ils* en vacances?
5. *Vos amies vont-elles* en vacances?
6. *Votre soeur va-t-elle* en vacances?
7. *Votre frère va-t-il* en vacances?
8. *Janine va-t-elle* en vacances?
9. *Les enfants vont-ils* en vacances?

> End of Tape 8B
> End of CD 8

PRACTICE DRILLS

PRACTICE A–1

1. Je suis en retard; je vais prendre un taxi.
2. *Il est en retard;* il va prendre un taxi.
3. *Nous sommes en retard;* nous allons prendre un taxi.
4. *Ils sont en retard;* ils vont prendre un taxi.
5. *Elle est en retard;* elle va prendre un taxi.
6. *Nous sommes en retard;* nous allons prendre un taxi.
7. *Elles sont en retard;* elles vont prendre un taxi.
8. *Vous êtes en retard;* vous allez prendre un taxi.
9. *On est en retard;* on va prendre un taxi.

PRACTICE A–2

1. Nous n'allons pas déjeuner parce que nous sommes pressés.
2. Vous n'allez pas déjeuner *parce que vous êtes pressés.*
3. Ils ne vont pas déjeuner *parce qu'ils sont pressés.*
4. Elle ne va pas déjeuner *parce qu'elle est pressée.*
5. On ne va pas déjeuner *parce qu'on est pressé.*
6. Il ne va pas déjeuner *parce qu'il est pressé.*
7. Je ne vais pas déjeuner *parce que je suis pressé.*
8. Elles ne vont pas déjeuner *parce qu'elles sont pressées.*

PRACTICE A–3

Tutor   : Vos amis vont-ils en vacances?
Student : Oui, ils vont en vacances.

1. Allez-vous en vacances?	Oui, je vais en vacances.
2. Votre ami va-t-il en vacances?	Oui, il va en vacances.
3. Vos amies vont-elles en vacances?	Oui, elles vont en vacances.
4. Votre amie va-t-elle au magasin?	Oui, elle va au magasin.
5. Allez-vous à la gare?	Oui, je vais à la gare.
6. Vos frères vont-ils au bureau?	Oui, ils vont au bureau.
7. Le gérant va-t-il au bureau?	Oui, il va au bureau.

PRACTICE A–4

Tutor   : Je vais déjeuner.
Student : Où allez-vous déjeuner?

1. Il va déjeuner.	Où va-t-il déjeuner?
2. On va déjeuner.	Où va-t-on déjeuner?
3. Ils vont déjeuner.	Où vont-ils déjeuner?
4. Elle va déjeuner.	Où va-t-elle déjeuner?
5. Je vais déjeuner.	Où allez-vous déjeuner?
6. Elles vont déjeuner.	Où vont-elles déjeuner?
7. Je vais déjeuner.	Où allez-vous déjeuner?

PRACTICE A–5

Tutor   : Janine est en retard.
Student : Va-t-elle prendre un taxi?

1. Je suis en retard.	Allez-vous prendre un taxi?
2. Les enfants sont en retard.	Vont-ils prendre un taxi?
3. Ma soeur est en retard.	Va-t-elle prendre un taxi?
4. Mon frère est en retard.	Va-t-il prendre un taxi?
5. Je suis en retard.	Allez-vous prendre un taxi?
6. Mes parents sont en retard.	Vont-ils prendre un taxi?
7. Mlle Courtois est en retard.	Va-t-elle prendre un taxi?

PRACTICE A–6

Tutor : Vous avez une boucherie?
Student : Oui, j'ai une boucherie.

1. Vous allez à la boucherie?
2. Vous avez la chambre?
3. Vous allez dans la chambre?
4. Vous avez une fenêtre?
5. Vous allez à la fenêtre?
6. Vous allez au rez-de-chaussée?
7. Vous avez des vacances?
8. Vous allez en vacances?

Oui, je vais à la boucherie.
Oui, j'ai la chambre.
Oui, je vais dans la chambre.
Oui, j'ai une fenêtre.
Oui, je vais à la fenêtre.
Oui, je vais au rez-de-chaussée.
Oui, j'ai des vacances.
Oui, je vais en vacances.

SITUATIONS

SITUATION I

B. A quelle heure allez-vous en ville?
C. J'y vais tout de suite.
B. Est-ce que je peux y aller
avec vous?
C. Mais oui. Où puis-je vous déposer?
B. Au restaurant si cela ne vous
dérange pas.
C. Pas du tout. Je vais au magasin à côté.
B. Je crois que je suis en retard.
C. Oh! Nous arrivons dans trois
minutes.

M. Cousin va en ville tout de suite. Il
va déposer M. Bonnet au restaurant. Il
va au magasin à côté. Ils vont arriver
dans trois minutes.

SITUATION II

B. Je voudrais un costume marron.
V. Veuillez me suivre, Monsieur.
B. Ces costumes sont très chers.
V. Nous en avons aussi en solde.
B. Voulez-vous me les montrer?
V. Les voici, Monsieur.
B. Est-ce que je peux essayer celui-ci?
V. Mais oui, je vous l'apporte a côté.

M. Bertin est au magasin. Il voudrait
un costume. Les premiers costumes sont
très chers. Le vendeur montre des
costumes en solde à M. Bertin. Celui-ci
va essayer un costume.

"the latter"

QUESTION DRILL

1. Où achète-t-on les costumes?
2. Chaussez-vous du 42?
3. Où faites-vous réparer les chaussures?
4. Savez-vous à quelle heure ferment les grands magasins?
5. Où allez-vous la semaine prochaine?
6. Où achetez vous …
7. Quand allez-vous en ville?
8. Etes-vous seul à Washington?
9. Le cordonnier lave-t-il le linge?
10. Où déjeunez-vous à midi?

11. Déjeunez-vous à une heure ou à midi?
12. Les chemises sont-elles toujours en solde?
13. Savez-vous s'il y a un bon restaurant près d'ici?
14. A quelle heure commencent les classes?
15. A quel étage est votre classe?
16. Où faites-vous nettoyer vos costumes?
17. Déjeunez-vous toujours seul?
18. Avec qui allez-vous déjeuner aujourd'hui?
19. Allez-vous prendre un taxi pour rentrer ce soir?
20. A quelle heure rentrez-vous?
21. Quand faites-vous vos courses?

RESPONSE DRILL

1. Demandez à … si les magasins ferment à 6 heures.
2. Dites que vous êtes en retard.
3. Dites que vous n'êtes pas toujours en retard.
4. Demandez à … s'il va en ville cet après-midi.
5. Demandez à … pourquoi il est en retard.
6. Dites-moi que je ne suis pas en retard.
7. Dites-moi que vous êtes heureux de faire ma connaissance.
8. Demandez à … quelle est son encolure.
9. Demandez à … s'il a un costume marron.
10. Demandez-moi où vous pouvez faire réparer vos chaussures.
11. Dites à … qu'il peut faire réparer ses chaussures près d'ici.
12. Demandez-moi si je vais en ville ce soir.
13. Dites à … que vous n'allez pas déjeuner à une heure.
14. Demandez-moi à quelle heure arrive votre train.
15. Demandez à … si ses bagages sont à la gare.
16. Dites-moi que vous ne savez pas où est votre ami.
17. Demandez à … où vous pouvez trouver un bon restaurant.
18. Dites-moi qu'il y a un bon hôtel par ici.
19. Demandez à … si les pharmacies sont fermées aujourd'hui.
20. Demandez-moi pourquoi le train ne part pas à l'heure.
21. Demandez-moi si j'ai des nouvelles de vos amis.
22. Dites que vous n'êtes pas très pressé.

REVIEW DRILLS

REVIEW 1

1. Je suis pressé parce que je vais déjeuner.
2. *Ils sont pressés* parce qu'ils vont déjeuner.
3. *Nous sommes pressés* parce que nous allons déjeuner.
4. *Elle est pressée* parce qu'elle va déjeuner.
5. *On est pressé* parce qu'on va déjeuner.
6. *Elles sont pressées* parce qu'elles vont déjeuner.
7. *Il est pressé* parce qu'il va déjeuner.
8. *Je suis pressé* parce que je vais déjeuner.

REVIEW 2

1. Nous allons voir si nous avons nos valises.
2. *Il va voir* s'il a ses valises.
3. *Elle va voir* si elle a ses valises.
4. *Nous allons voir* si nous avons nos valises.
5. *Je vais voir* si j'ai mes valises.
6. *Ils vont voir* s'ils ont leurs valises.
7. *Il va voir* s'il a ses valises.
8. *Elles vont voir* si elles ont leurs valises.
9. *Vous allez voir* si vous avez vos valises.
10. *Je vais voir* si j'ai mes valises.
11. *Nous allons voir* si nous avons nos valises.

REVIEW 3

1. Il va faire assurer ses bagages.
2. *Nous* allons faire assurer nos bagages.
3. *Elle* va faire assurer ses bagages.
4. *Ils* vont faire assurer leurs bagages.
5. *Vous* allez faire assurer vos bagages.
6. *Je* vais faire assurer mes bagages.
7. *Nous* allons faire assurer nos bagages.
8. *Elles* vont faire assurer leurs bagages.
9. *Il* va faire assurer ses bagages.

REVIEW 4

Tutor   : Vous êtes seul?
Student : Oui, pour quelques jours; ma soeur arrive la semaine prochaine.

1. Il est seul?

Oui, pour quelques jours; sa soeur arrive la semaine prochaine.

2. Ils sont seuls?

Oui, pour quelques jours; leur soeur arrive la semaine prochaine.

3. Vous êtes seul?

Oui, pour quelques jours; ma soeur arrive la semaine prochaine.

4. Elle est seule?

Oui, pour quelques jours; sa soeur arrive la semaine prochaine.

5. Vous êtes seul?

Oui, pour quelques jours; ma soeur arrive la semaine prochaine.

6. Elles sont seules?

Oui, pour quelques jours; leur soeur arrive la semaine prochaine.

7. Il est seul?

Oui, pour quelques jours; sa soeur arrive la semaine prochaine.

REVIEW 5

Tutor   : A quelle heure vont-ils à la gare?
Student : Je crois qu'ils vont à la gare à une heure.

1. A quelle heure déjeunez-vous?

Je crois que je déjeune à une heure.

2. A quelle heure votre amie arrive-t-elle à Paris?

Je crois qu'elle arrive à Paris à une heure.

3. A quelle heure allez-vous au magasin?   Je crois que je vais au magasin à une heure.
4. A quelle heure vos amis vont-ils au magasin?   Je crois qu'ils vont au magasin à une heure.
5. A quelle heure allez-vous au bureau?   Je crois que je vais au bureau à une heure.
6. A quelle heure vos amies arrivent-
    elles à la gare?   Je crois qu'elles arrivent à la gare
     à une heure.
7. A quelle heure le gérant déjeune-t-il?   Je crois qu'il déjeune à une heure.
8. A quelle heure les enfants déjeunent-ils?   Je crois qu'ils déjeunent à une heure.
9. A quelle heure les magasins ferment-ils?   Je crois qu'ils ferment à une heure.
10. A quelle heure allez-vous en ville?   Je crois que je vais en ville à une heure.

WRITTEN EXERCISES

(not recorded)

EXERCISE 1

Fill the blanks with the right prepositions.

1. Elle va _____ l'épicier.

2. Elle va _____ vous.

3. Elle va _____ Paris.

4. Elle va _____ la gare.

5. Elle va _____ la crèmerie.

6. Elle va _____ le pharmacien.

7. Elle va _____ Jean.

8. Elle va _____ la pharmacie.

9. Elle va _____ le boucher.

10. Elle va _____ moi.

EXERCISE 2

Translate the following sentences.

1. Do you have any news?   _____

2. I would like the cakes.   _____

3. He is near the window.   _____

4. You find vegetables at the grocery store.   _____

5. He is going to buy butter.   _____

6. Aspirin is not expensive.   _____

7. The hotel is in front of the station.   _____

8. He wants some aspirin.   _____

Answer the following questions affirmatively.

1. Votre frère est-il en retard? _____

2. Allez-vous dans la chambre? _____

3. Etes-vous pressé? _____

4. Va-t-il au restaurant avec Janine? _____

5. Votre soeur est-elle chez vous? _____

6. Va-t-il bien? _____

7. Avez-vous un magasin? _____

8. Est-il au rez-de-chaussée? _____

9. Va-t-il déjeuner avec eux? _____

10. A-t-il la chambre 12? _____

EXERCISE 4

Example:

　　—Le train de M. Lelong part à　　Son train part à 6 heures.
　　　6 heures.

　　—Les bagages des enfants sont faits.　　Leurs bagages sont faits.

1. Les enfants de ma soeur sont en
   vacances. _____

2. La villa des Lelong est près d'ici. _____

3. La famille de cet enfant est à Paris. _____

4. Les parents de Janine sont en retard. _____

5. Ce n'est pas le frère du gérant. _____

6. Voilà les valises des enfants. _____

7. Les billets de vos amis sont au guichet 10. _____

8. Le bureau du gérant est au rez-de-
   chaussée. _____

9. La malle de M. Lelong est à l'enregistrement. _____

10. La chambre des enfants est au premier
    étage. _____

(Answers on pages 176–177)

End of Tape 9A*

*Tape 9A ends on page 127 of this book because it covers the dialogues for listening and repetition of Unit 5. However, Tape 9B starts on page 124 and covers the dialogue for fluency of the same unit.

LE CLIMAT

Dialogue

Le climat   *The climate*

Conversation between Mr. Dubois and Mr. Moreau.

M. DUBOIS

Qu'avez-vous fait
pendant le week-end?

What did you do over the weekend?

    faire (avez-vous fait)   to do (did you do)
    pendant   during

M. MOREAU

Je suis allé
à Versailles.

I went to Versailles.

    aller (je suis allé)   to go (I went)

M. DUBOIS

En auto?   By car?

    auto (f)   car

M. MOREAU

Oui,
par la nouvelle route.

Yes, by the new road.

    nouvelle   new
    route (f)   road

M. DUBOIS

Comment est-elle?   How is it?

    comment   how

M. MOREAU

Elle est
meilleure que l'autre.

It's better than the other.

    meilleure   better
    meilleur que   better than
    autre   other

Malgré la pluie,
elle n'était
pas glissante du tout.

In spite of the rain, it wasn't slippery
at all.

    malgré   in spite of
    pluie (f)   rain
    être (était)   to be (was)

| glissante | slippery |
| du tout | at all |

M. DUBOIS

Elle doit être aussi	It must also be prettier than the old
plus jolie que	one.
l'ancienne.	

| plus que | more than |
| ancienne | old, former |

M. MOREAU

Bien plus,	Much prettier, since it goes through
parce qu'elle traverse	the forest.
la forêt.	

| traverser | to go through |
| forêt (f) | forest |

| (On parle des vacances) | (They talk about vacations) |

| parler de | talk about |

M. DUBOIS

Allez-vous à	Are you going to the country or to the
la campagne	seashore this summer?
ou au bord de la mer	
cet été?	

campagne (f)	country
ou	or
bord (m)	edge
mer (f)	sea
été (m)	summer

M. MOREAU

Je ne sais pas encore,	I don't know yet, but I'd like some sun.
mais je voudrais	
du soleil.	

| encore | yet |
| soleil (m) | sun |

M. DUBOIS

| Allez dans le Midi. | Go to the south of France. |

| Midi (m) | South of France |

| Il y fait | It's warm and dry there. |
| chaud et sec. | |

chaud	hot
sea	dry
y	there

M. MOREAU

Oui, mais ma femme n'aime
pas la chaleur.

Yes, but my wife doesn't like the heat.

    aimer   to like, to love
    chaleur (f)   heat

M. DUBOIS

Alors,
choisissez
l'Atlantique.

Then choose the Atlantic coast.

    choisir (choisissez)   to choose (choose)

Il y fait
beau et frais.

It's clear and cool there.

    beau   beautiful
    frais   fresh

(On critique la Normandie)   (They criticize Normandy)
    critiquer   to criticize

M. MOREAU

Et Henri,
où va-t-il
cette année?

And where is Henry going this year?

    année (f)   year

M. DUBOIS

Il a une villa
en Normandie
pour la saison.

He has a villa in Normandy for the
season.

    villa (f)   villa
    saison (f)   season

M. MOREAU

Il fait
toujours mauvais temps
dans cette région.

It's always bad weather in that region.

    mauvais   bad
    temps (le)   weather
    région (f)   region

Il y pleut
très souvent
et il y a trop de vent.

It rains a lot there and
there's too much wind.

    pleuvoir (il pleut)   to rain (it rains)
    souvent   often
    trop   too much
    vent (m)   wind

M. DUBOIS
Non, pas toujours.
Vous exagérez.

   exagérer

No, not always. You're exaggerating.

   to exaggerate

M. MOREAU
Peut-être.
En tout cas
les automnes
y sont très humides.

   cas (m)
   automne (m)
   humide

Maybe. In any case the autumns there
are very damp.

   case
   autumn
   damp

M. DUBOIS
Et ici,
quel temps
fait-il en hiver?

   hiver (m)

And here, how is the weather in winter?

   winter

M. MOREAU
Il gèle
et il neige
en général
pendant deux mois.

   geler
   neiger

It freezes and it snows generally for
two months.

   to freeze
   to snow

Mais cette année
il a fait
moins froid que
l'année dernière.

   moins que
   froid
   dernière

But this year it hasn't been as cold
as last year.

   less than
   cold
   last

Dialogue Note

Southeastern France is often referred to in French as *le Midi.*

Useful Words

1. Nous habitons au bord de la mer.	We live at the seashore.
2. Nous habitons *à la campagne*.	We live in the country.
3. Nous habitons *en face*.	We live across the street.
4. Nous habitons *à côté*.	We live next door.
5. Nous habitons *là-bas*.	We live over there.
6. Nous habitons *près d'ici*.	We live near here.
7. Nous habitons *dans le Midi*.	We live in the south of France.
8. Nous habitons *dans cette rue*.	We live on this street.

1. Sortez-vous dimanche?	Are you going out Sunday?
2. Sortez-vous *jeudi*?	Are you going out Thursday?
3. Sortez-vous *mardi*?	Are you going out Tuesday?
4. Sortez-vous *samedi*?	Are you going out Saturday?
5. Sortez-vous *mercredi*?	Are you going out Wednesday?
6. Sortez-vous *vendredi*?	Are you going out Friday?
7. Sortez-vous *lundi*?	Are you going out Monday?
8. Sortez-vous *demain*?	Are you going out tomorrow?

1. Est-ce que c'est en été?	Is it in summer?
2. Est-ce que c'est *en automne*?	Is it in the fall?
3. Est-ce que c'est *en hiver*?	Is it in winter?
4. Est-ce que c'est *au printemps*?	Is it in spring?

1. Travaillez-vous le mardi?	Do you work Tuesdays?
2. Travaillez-vous *le samedi*?	Do you work Saturdays?
3. Travaillez-vous *le vendredi*?	Do you work Fridays?
4. Travaillez-vous *le soir*?	Do you work evenings?
5. Travaillez-vous *le matin*?	Do you work mornings?
6. Travaillez-vous *l'après-midi*?	Do you work afternoons?

1. Je compte rester à Paris jusqu'en janvier.	I intend to stay in Paris until January.
2. Je compte rester à Paris *jusqu'en février*.	I intend to stay in Paris until February.
3. Je compte rester à Paris *jusqu'en mars*.	I intend to stay in Paris until March.
4. Je compte rester à Paris *jusqu'en avril*.	I intend to stay in Paris until April.
5. Je compte rester à Paris *jusqu'en mai*.	I intend to stay in Paris until May.
6. Je compte rester à Paris *jusqu'en juin*.	I intend to stay in Paris until June.
7. Je compte rester à Paris *jusqu'en juillet*.	I intend to stay in Paris until July.
8. Je compte rester à Paris *jusqu'en août*.	I intend to stay in Paris until August.
9. Je compte rester à Paris *jusqu'en septembre*.	I intend to stay in Paris until September.
10. Je compte rester à Paris *jusqu'en octobre*.	I intend to stay in Paris until October.
11. Je compte rester à Paris *jusqu'en novembre*.	I intend to stay in Paris until November.
12. Je compte rester à Paris *jusqu'en décembre*.	I intend to stay in Paris until December.

Vocabulary Awareness

(not recorded)

over the week-end	pendant le week-end
last week	la semaine dernière
the month of July	le mois de juillet
next year	l'année prochaine
next week-end	le week-end prochain
last week-end	le week-end dernier
next summer	l'été prochain
last winter	l'hiver dernier
prettier	plus joli
later	plus tard
too late	trop tard
louder	plus fort
more often	plus souvent
speak more softly	parlez moins fort
this region is much less pretty	cette région est beaucoup moins jolie / cette région est bien moins jolie
maybe	peut-être
in any case	en tout cas
always	toujours
in general	en général
in spite of	malgré
during	pendant
go to town	allez en ville
choose a shirt	choisissez une chemise
ask the manager	demandez au gérant
speak to Janine	parlez à Janine
listen to the question	écoutez la question
repeat this word	répétez ce mot
open the door	ouvrez la porte
translate this sentence	traduisez cette phrase
say "please"	dites "s'il vous plaît"
she likes the heat	elle aime la chaleur
I like their villa	j'aime leur villa
Do you like the rainy season?	Aimez-vous la saison des pluies?

LEXICAL DRILLS

Lexical A–1

1. Qu'avez-vous fait pendant le week-end?
2. Qu'avez-vous fait *en avril*?
3. Qu'avez-vous fait *dimanche*?
4. Qu'avez-vous fait *pendant la semaine*?
5. Qu'avez-vous fait *vendredi*?
6. Qu'avez-vous fait *en juin*?
7. Qu'avez-vous fait *samedi*?
8. Qu'avez-vous fait *pendant le week-end*?

LEXICAL A–2

1. Qu'avez-vous fait pendant le week-end?
2. *Qu'avons-nous fait* pendant le week-end?
3. *Qu'a-t-il fait* pendant le week-end?
4. *Qu'ont-elles fait* pendant le week-end?
5. *Qu'a-t-on fait* pendant le week-end?
6. *Qu'avons-nous fait* pendant le week-end?
7. *Qu'a-t-elle fait* pendant le week-end?
8. *Qu'avez-vous fait* pendant le week-end?

LEXICAL A–3

1. Je suis allé à Versailles.
2. Je suis allé *à Paris.*
3. Je suis allé *au café.*
4. Je suis allé *au restaurant.*
5. Je suis allé *au magasin.*
6. Je suis allé *dans le Midi.*
7. Je suis allé *à Lyon.*
8. Je suis allé *à Lille.*
9. Je suis allé *au bord de la mer.*
10. Je suis allé *à Versailles.*

LEXICAL A–4

1. Comment est-elle?
2. Comment *est-il?*
3. Comment *sont-ils?*
4. Comment *vont-ils?*
5. Comment *va-t-elle?*
6. Comment *parle-t-il?*
7. Comment *rentrons-nous?*
8. Comment *parlez-vous?*
9. Comment *est-elle?*

LEXICAL A–5

1. Je suis allé à Versailles.
2. *Ils sont allés* à Versailles.
3. *Nous sommes allés* à Versailles.
4. *Elle est allée* à Versailles.
5. *On est allé* à Versailles.
6. *Il est allé* à Versailles.
7. *Elles sont allées* à Versailles.
8. *Je suis allé* à Versailles.

LEXICAL A–6

1. Elle est meilleure que l'autre.
2. *Elle est plus glissante* que l'autre.
3. *Elle est plus jolie que* l'autre.
4. *Elle est plus grosse* que l'autre.
5. *Elle est plus chère* que l'autre.
6. *Elle est plus pressée* que l'autre.
7. *Elle est plus blanche* que l'autre.
8. *Elle est plus ancienne* que l'autre.
9. *Elle est meilleure* que l'autre.

LEXICAL A–7

1. Elle doit être aussi plus jolie que l'ancienne.
2. Elle doit être aussi *moins jolie que* l'ancienne.
3. Elle doit être aussi *plus glissante que* l'ancienne.
4. Elle doit être aussi *plus belle que* l'ancienne.
5. Elle doit être aussi *plus grosse que* l'ancienne.
6. Elle doit être aussi *plus mauvaise que* l'ancienne.
7. Elle doit être aussi *moins glissante que* l'ancienne.
8. Elle doit être aussi *moins bien que* l'ancienne.
9. Elle doit être aussi *plus jolie que* l'ancienne.

LEXICAL A–8

1. Elle n'était pas glissante du tout.
2. Elle n'était *pas jolie du tout.*
3. Elle n'était *pas chère du tout.*
4. Elle n'était *pas mauvaise du tout.*
5. Elle n'était *pas pressée du tout.*
6. Elle n'était *pas grosse du tout.*
7. Elle n'était *pas bien du tout.*
8. Elle n'était *pas glissante du tout.*

LEXICAL A–9

1. Elle doit être aussi plus jolie que l'ancienne.
2. Elle doit être aussi plus jolie *que la blanche.*
3. Elle doit être aussi plus jolie *que la petite.*
4. Elle doit être aussi plus jolie *que la nouvelle.*
5. Elle doit être aussi plus jolie *que la grosse.*
6. Elle doit être aussi plus jolie *que la première.*
7. Elle doit être aussi plus jolie *que la dernière.*
8. Elle doit être aussi plus jolie *que la verte.*

LEXICAL A–10

1. Allez-vous à la campagne ou au bord de la mer?
2. Allez-vous *à la boulangerie ou à l'épicerie?*
3. Allez-vous *à la gare ou au bureau?*
4. Allez-vous *chez l'epicier ou chez le boulanger?*
5. Allez-vous *à l'épicerie ou à la boulangerie?*
6. Allez-vous *chez le pharmacien ou chez le cordonnier?*
7. Allez-vous *en Normandie ou dans le Midi?*
8. Allez-vous *à la campagne ou en ville?*
9. Allez-vous *à l'hôtel ou chez des amis?*
10. Allez-vous *chez vos amis ou à la villa?*

LEXICAL A–11

1. Allez-vous à la campagne ou au bord de la mer?
2. *Est-il* à la campagne ou au bord de la mer?
3. *Va-t-il* à la campagne ou au bord de la mer?
4. *Etes-vous* à la campagne ou au bord de la mer?
5. *Allez-vous* à la campagne ou au bord de la mer?
6. *Sont-ils* à la campagne ou au bord de la mer?
7. *Vont-ils* à la campagne ou au bord de la mer?
8. *Allons-nous* à la campagne ou au bord de la mer?
9. *Est-elle* à la campagne ou au bord de la mer?
10. *Allez-vous* à la campagne ou au bord de la mer?

LEXICAL A–12

1. Allez dans le Midi.
2. Allez *à Paris.*
3. Allez *à la campagne.*
4. Allez *au guichet 12.*
5. Allez *au bord de la mer.*
6. Allez *à la caisse.*
7. Allez *dans cette région.*
8. Allez *dans la forêt.*
9. Allez *en ville.*
10. Allez *à Versailles.*
11. Allez *dans le Midi.*

LEXICAL A–13

1. Il y fait chaud et sec.
2. Il y fait *beau et frais.*
3. Il y fait *froid et humide.*
4. Il y fait *chaud et humide.*
5. Il y fait *froid et sec.*
6. Il y fait *humide et chaud.*
7. Il y fait *chaud et sec.*

LEXICAL A–14

1. Et Henri, où va-t-il cette année?
2. Et Henri, où va-t-il *ce soir?*
3. Et Henri, où va-t-il *la semaine prochaine?*
4. Et Henri, où va-t-il *cet après-midi?*
5. Et Henri, où va-t-il *demain?*
6. Et Henri, où va-t-il *cette semaine?*
7. Et Henri, où va-t-il *le mois prochain?*
8. Et Henri, où va-t-il *aujourd'hui?*
9. Et Henri, où va-t-il *l'année prochaine?*
10. Et Henri, où va-t-il *lundi prochain?*
11. Et Henri, où va-t-il *cette année?*

LEXICAL A–15

1. Il a une villa en Normandie pour la saison.
2. Il a une villa en Normandie *pour l'été.*
3. Il a une villa en Normandie *pour les week-ends.*
4. Il a une villa en Normandie *pour quelques mois.*
5. Il a une villa en Normandie *pour le printemps.*
6. Il a une villa en Normandie *pour trois mois.*
7. Il a une villa en Normandie *pour le mois prochain.*
8. Il a une villa en Normandie *pour la saison.*

LEXICAL A–16

1. Il a une villa en Normandie pour la saison.
2. *Ils ont* une villa en Normandie pour la saison.
3. *Je voudrais* une villa en Normandie pour la saison.
4. *Ils louent* une villa en Normandie pour la saison.
5. *Nous louons* une villa en Normandie pour la saison.
6. *Il voudrait* une villa en Normandie pour la saison.
7. *Elle veut* une villa en Normandie pour la saison.
8. *Nous avons* une villa en Normandie pour la saison.
9. *Elle a* une villa en Normandie pour la saison.
10. *Il a* une villa en Normandie pour la saison.

End of Tape 9B
End of CD 9

Lᴇxɪᴄᴀʟ A–17

1. Il fait toujours mauvais dans cette région.
2. Il fait *toujours beau* dans cette région.
3. Il fait *toujours sec* dans cette région.
4. Il fait *toujours froid* dans cette région.
5. Il fait *toujours frais* dans cette région.
6. Il fait *toujours chaud* dans cette région.
7. Il fait *toujours humide* dans cette région.
8. Il fait *toujours mauvais* dans cette région.

Lᴇxɪᴄᴀʟ A–18

1. Il fait toujours mauvais dans cette région.
2. *Il pleut toujours* dans cette région.
3. *Il fait toujours beau* dans cette région.
4. *Il y a toujours du vent* dans cette région.
5. *Il fait toujours froid* dans cette région.
6. *Il neige toujours* dans cette région.
7. *Il fait toujours sec* dans cette région.
8. *Il y a toujours du vent* dans cette région.
9. *Il gèle toujours* dans cette région.
10. *Il fait toujours mauvais* dans cette région.

Lᴇxɪᴄᴀʟ A–19

1. Ma femme n'aime pas la chaleur.
2. *Je n'aime pas* la chaleur.
3. *Les enfants n'aiment pas* la chaleur.
4. *Nous n'aimons pas* la chaleur.
5. *Il n'aime pas* la chaleur.
6. *Mes parents n'aiment pas* la chaleur.
7. *Ma soeur n'aime pas* la chaleur.
8. *On n'aime pas* la chaleur.
9. *Ma femme n'aime pas* la chaleur.

Lᴇxɪᴄᴀʟ A–20

1. Ma femme n'aime pas la chaleur.
2. Ma femme n'aime pas *le printemps.*
3. Ma femme n'aime pas *la neige.*
4. Ma femme n'aime pas *l'hiver.*
5. Ma femme n'aime pas *le soleil.*
6. Ma femme n'aime pas *le froid.*
7. Ma femme n'aime pas *le vent.*
8. Ma femme n'aime pas *la région.*
9. Ma femme n'aime pas *la Normandie.*
10. Ma femme n'aime pas *la chaleur.*

LEXICAL A–21

1. Il y pleut très souvent.
2. *Il y fait froid* très souvent.
3. *Il y neige* très souvent.
4. *Il y fait humide* très souvent.
5. *Il y gèle* très souvent.
6. *Il y fait chaud* très souvent.
7. *Il y fait mauvais* très souvent.
8. *Il y pleut* très souvent.

LEXICAL A–22

1. En tout cas les automnes y sont très humides.
2. En tout cas les automnes y sont *très secs.*
3. En tout cas les automnes y sont *très froids.*
4. En tout cas les automnes y sont *très beaux.*
5. En tout cas les automnes y sont *très frais.*
6. En tout cas les automnes y sont *très chauds.*
7. En tout cas les automnes y sont *très mauvais.*
8. En tout cas les automnes y sont *très humides.*

LEXICAL A–23

1. Et ici, quel temps fait-il en hiver?
2. *Et là-bas,* quel temps fait-il en hiver?
3. *Et à Paris,* quel temps fait-il en hiver?
4. *Et dans cette région,* quel temps fait-il en hiver?
5. *Et au bord de la mer,* quel temps fait-il en hiver?
6. *Et à Lille,* quel temps fait-il en hiver?
7. *Et dans le Midi,* quel temps fait-il en hiver?
8. *Et près de l'Atlantique,* quel temps fait-il en hiver?
9. *Et ici,* quel temps fait-il en hiver?

LEXICAL A–24

1. Cette année, il a fait moins froid que l'année dernière.
2. Cette année, il a fait *moins chaud* que l'année dernière.
3. Cette année, il a fait *moins beau* que l'année dernière.
4. Cette année, il a fait *moins mauvais* que l'année dernière.
5. Cette année, il a fait *moins humide* que l'année dernière.
6. Cette année, il a fait *moins sec* que l'année dernière.
7. Cette année, il a fait *moins frais* que l'année dernière.
8. Cette année, il a fait *moins froid* que l'année dernière.

*LEXICAL B–1

1. Ma femme n'aime pas la chaleur.
2. *Nous n'aimons pas* la chaleur.
3. Nous n'aimons pas *la Normandie.*
4. *Mes amis n'aiment pas* la Normandie.

5. Mes amis n'aiment pas *mon auto.*
6. *Je ne vois pas* mon auto.
7. Je ne vois pas *votre ami.*
8. *On ne trouve pas* votre ami.
9. On ne trouve pas *les bijoux.*
10. *Ma femme n'aime* pas les bijoux.
11. Ma femme n'aime pas *la chaleur.*

*LEXICAL B–2

1. Qu'avez-vous fait pendant le week-end?
2. *Qu'a-t-elle fait* pendant le week-end?
3. Qu'a-t-elle fait *l'année dernière?*
4. *Où êtes-vous allé* l'année dernière?
5. Où êtes-vous allé *en septembre?*
6. *Qu'ont-ils fait* en septembre?
7. Qu'ont-ils fait *cet après-midi?*
8. *Que comptez-vous faire* cet après-midi?
9. Que comptez-vous faire *pendant le week-end?*
10. *Qu'avez-vous fait* pendant le week-end?

*LEXICAL B–3

1. Elle est meilleure que l'autre.
2. *Il est plus grand* que l'autre.
3. Il est plus grand *que le marron.*
4. *Il est moins cher* que le marron.
5. Il est moins cher *que le premier.*
6. *Il est plus fort* que le premier.
7. Il est plus fort *que l'autre.*
8. *Elle est meilleure* que l'autre.

*LEXICAL B–4

1. Il a une villa en Normandie pour la saison.
2. *Ils ont une villa* en Normandie pour la saison.
3. Ils ont une villa *dans le Midi* pour la saison.
4. Ils ont une villa dans le Midi *pour l'été.*
5. *Il me faut une villa* dans le Midi pour l'été.
6. Il me faut une villa *au bord de la mer* pour l'été.
7. Il me faut une villa au bord de la mer *pour la saison.*
8. *Il a une villa* au bord de la mer pour la saison.
9. Il a une villa *en Normandie* pour la saison.

*LEXICAL B–5

1. Il fait toujours mauvais dans cette région.
2. *Il pleut très souvent* dans cette région.
3. Il pleut très souvent *là-bas.*
4. *Il y a toujours du soleil* là-bas.
5. Il y a toujours du soleil *dans le Midi.*

6. *Il fait toujours beau* dans le Midi.
7. Il fait toujours beau *à Paris.*
8. *Il ne neige pas souvent* à Paris.
9. Il ne neige pas souvent *dans cette région.*
10. *Il fait toujours mauvais* dans cette région.

Questions on the Dialogue

1. M. Moreau est allé quelque part pendant le week-end?
Oui, il est allé quelque part.

2. Où est-il allé?
Il est allé à Versailles.

3. Par le train?
Non, en auto.

4. Par l'ancienne route?
Non, par la nouvelle.

5. Comment est-elle?
Elle est meilleure que l'autre.

6. Pourquoi?
Parce qu'elle n'est pas glissante du tout.

7. Est-elle glissante quand il pleut?
Non, elle n'est pas glissante du tout.

8. Est-elle moins jolie que l'ancienne?
Non, elle est plus jolie que l'ancienne.

9. Pourquoi?
Parce qu'elle traverse la forêt.

10. M. Moreau va-t-il à la campagne ou au bord de la mer?
Il ne sait pas encore, mais il voudrait du soleil.

11. Quel temps fait-il dans le Midi?
Il y fait chaud et sec.

12. Mme Moreau aime-t-elle la chaleur?
Non, elle n'aime pas la chaleur.

13. Quel temps fait-il au bord de l'Atlantique?
Il y fait beau et frais.

14. Critique-t-on le Midi?
Non, on critique la Normandie.

15. Pleut-il souvent dans le Midi?
Non, il ne pleut pas souvent.

16. Où pleut-il souvent?
Il pleut souvent en Normandie.

17. Vous ne trouvez pas que M. Moreau exagère?
Si, je trouve qu'il exagère.

GRAMMAR 1: NOUN-MARKERS

Grammar Note (not recorded)

Indefinite adjectives

1. *plusieurs* "several" is always and only plural.

plusieurs hôtels	several hotels
plusieurs cafés	several cafés

(see L.8 & 9–Gr.1)

2. *quelques* "a few" also occurs before plural nouns.

quelques amis	a few friends
quelques minutes	a few minutes

(see L.1 & 2–Gr.1)

3. *chaque* "each" is always singular.

chaque auto	each car
chaque manteau	each coat

4. *certain* "certain" shows gender and number.

	Feminine	Masculine
Singular	certaine	certain
Plural	certaines	certains

une certaine fiche	"a certain form"
un certain jour	"a certain day"
certaines places	"certain seats"
certains billets	"certain tickets"

(see L.6 & 7–Gr.1)

5. *quel,* "which, what," shows gender and number.

	Feminine	Masculine
Singular	quelle	quel
Plural	quelles	quels

Par quel train arrive-t-il?	"On which train is he arriving?"
Je sais dans quel région il est.	"I know in what region he is."
Quelle heure est-il?	"What time is it?"

(see L.3,4 & 5–Gr.1)

LEARNING DRILLS

LEARNING 1

1. Il reste quelques robes en solde.
2. Il reste *quelques manteaux* en solde.
3. Il reste *quelques costumes* en solde.
4. Il reste *quelques paires* en solde.
5. Il reste *quelques chemises* en solde.
6. Il reste *quelques livres* en solde.
7. Il reste *quelques bijoux* en solde.
8. Il reste *quelques modèles* en solde.
9. Il reste *quelques robes* en solde.

LEARNING 2

1. Je vais travailler là-bas pendant quelques étés.
2. Je vais travailler là-bas *pendant quelques années.*
3. Je vais travailler là-bas *pendant quelques après-midis.*
4. Je vais travailler là-bas *pendant quelques hivers.*
5. Je vais travailler là-bas *pendant quelques automnes.*
6. Je vais travailler là-bas *pendant quelques heures.*
7. Je vais travailler là-bas *pendant quelques étés.*

LEARNING 3

1. Quelle robe avez-vous?
2. *Quelle place* avez-vous?
3. *Quelle chambre* avez-vous?
4. *Quelle date* avez-vous?
5. *Quelle couchette* avez-vous?
6. *Quelle valise* avez-vous?
7. *Quelle pointure* avez-vous?

LEARNING 4

1. Quel billet voulez-vous?
2. *Quel train* voulez-vous?
3. *Quel compartiment* voulez-vous?
4. *Quel livre* voulez-vous?
5. *Quel modèle* voulez-vous?
6. *Quel bureau* voulez-vous?
7. *Quel manteau* voulez-vous?
8. *Quel jour* voulez-vous?
9. *Quel costume* voulez-vous?
10. *Quel billet* voulez-vous?

LEARNING 5

1. Quels étages allez-vous voir?
2. *Quels hôtels* allez-vous voir?
3. *Quels amis* allez-vous voir?
4. *Quels enfants* allez-vous voir?
5. *Quelles épiceries* allez-vous voir?
6. *Quelles autos* allez-vous voir?
7. *Quels épiciers* allez-vous voir?
8. *Quels étages* allez-vous voir?

LEARNING 6

1. Il y a certains hôtels qui sont très beaux.
2. Il y a *certains magasins* qui sont très beaux.
3. Il y a *certains hivers* qui sont très beaux.
4. Il y a *certains souvenirs* qui sont très beaux.
5. Il y a *certains automnes* qui sont très beaux.
6. Il y a *certains livres* qui sont très beaux.
7. Il y a *certains hôtels* qui sont très beaux.

LEARNING 7

1. Il y a certaines choses qui sont très bien.
2. Il y a *certaines épiceries* qui sont très bien.
3. Il y a *certaines villas* qui sont très bien.
4. Il y a *certaines autos* qui sont très bien.
5. Il y a *certaines places* qui sont très bien.
6. Il y a *certaines heures* qui sont très bien.
7. Il y a *certaines choses* qui sont très bien.

LEARNING 8

1. Ils ont plusieurs salles de classe.
2. Ils ont *plusieurs valises.*
3. Ils ont *plusieurs costumes.*
4. Ils ont *plusieurs livres.*
5. Ils ont *plusieurs modèles.*
6. Ils ont *plusieurs manteaux.*
7. Ils ont *plusieurs minutes.*
8. Ils ont *plusieurs salles de classe.*

LEARNING 9

1. Ils ont plusieurs amis.
2. Ils ont *plusieurs hôtels.*
3. Ils ont *plusieurs étages.*
4. Ils ont *plusieurs heures.*
5. Ils ont *plusieurs enfants.*
6. Ils ont *plusieurs autos.*
7. Ils ont *plusieurs épiceries.*
8. Ils ont *plusieurs amis.*

LEARNING 10

1. Il reste quelques billets.
2. Il reste *quelques heures.*
3. Il reste *quelques places.*
4. Il reste *quelques heures.*
5. Il reste *quelques hôtels.*
6. Il reste *quelques minutes.*
7. Il reste *quelques après-midis.*
8. Il reste *quelques billets.*

PRACTICE DRILLS

PRACTICE A–1

1. Il y a plusieurs autos.
2. Il y a plusieurs *wagons*.
3. Il y a plusieurs *départs*.
4. Il y a plusieurs *hôtels*.
5. Il y a plusieurs *routes*.
6. Il y a plusieurs *étages*.
7. Il y a plusieurs *modèles*.
8. Il y a plusieurs *autos*.

> **End of Tape 10A**

PRACTICE A–2

Tutor   : Vous avez des salles de classe?
Student : Oui, nous avons plusieurs salles de classe.

1. Vous avez des valises?   Oui, nous avons plusieurs valises.
2. Vous avez des chambres?   Oui, nous avons plusieurs chambres.
3. Vous avez des fiches?   Oui, nous avons plusieurs fiches.
4. Vous avez des amis?   Oui, nous avons plusieurs amis.
5. Vous avez des couchettes?   Oui, nous avons plusieurs couchettes.
6. Vous avez des places?   Oui, nous avons plusieurs places.
7. Vous avez des questions?   Oui, nous avons plusieurs questions.

PRACTICE A–3

Tutor   : Ils ont des fenêtres?
Student : Je ne sais pas; je crois qu'ils ont plusieurs fenêtres.

1. Ils ont des amis?   Je ne sais pas; je crois qu'ils ont plusieurs amis.
2. Ils ont des couchettes?   Je ne sais pas; je crois qu'ils ont plusieurs couchettes.
3. Ils ont des bureaux?   Je ne sais pas; je crois qu'ils ont plusieurs bureaux.
4. Ils ont des enfants?   Je ne sais pas; je crois qu'ils ont plusieurs enfants.
5. Ils ont des billets?   Je ne sais pas; je crois qu'ils ont plusieurs billets.
6. Ils ont des livres?   Je ne sais pas; je crois qu'ils ont plusieurs livres.
7. Ils ont des questions?   Je ne sais pas; je crois qu'ils ont plusieurs questions.
8. Ils ont des modèles français?   Je ne sais pas; je crois qu'ils ont plusieurs modèles français.

PRACTICE A–4

Tutor : Je voudrais une chemise; c'est tout ce qui reste?
Student : Non, il reste plusieurs chemises.

1. Je voudrais une robe; c'est tout ce qui reste?   Non, il reste plusieurs robes.
2. Je voudrais quelques livres;   Non, il reste plusieurs livres.
   c'est tout ce qui reste?
3. Je voudrais une fiche; c'est tout ce qui reste?   Non, il reste plusieurs fiches.
4. Je voudrais un costume; c'est tout ce qui reste?   Non, il reste plusieurs costumes.
5. Je voudrais quelques billets;   Non, il reste plusieurs billets.
   c'est tout ce qui reste?

PRACTICE A–5

1. Je pars dans quelques minutes.
2. Je pars dans quelques *heures*.
3. Je pars dans quelques *mois*.
4. Je pars dans quelques *jours*.
5. Je pars dans quelques *semaines*.
6. Je pars dans quelques *heures*.
7. Je pars dans quelques *minutes*.

PRACTICE A–6

Tutor : Ils arrivent dans une heure?
Student : Non, dans quelques heures.

1. Ils arrivent la semaine prochaine?   Non, dans quelques semaines.
2. Il part l'année prochaine?   Non, dans quelques années.
3. Il arrive le mois prochain?   Non, dans quelques mois.
4. Il arrive dans une heure?   Non, dans quelques heures.
5. Il arrive aujourd'hui?   Non, dans quelques jours.
6. Il arrive la semaine prochaine?   Non, dans quelques semaines.
7. Il arrive le mois prochain?   Non, dans quelques mois.

PRACTICE A–7

Tutor : Il reste beaucoup de chambres?
Student : Non, quelques chambres seulement.

1. Il reste beaucoup de billets?   Non, quelques billets seulement.
2. Il reste beaucoup de valises?   Non, quelques valises seulement.
3. Il reste beaucoup de places?   Non, quelques places seulement.
4. Il reste beaucoup de couchettes?   Non, quelques couchettes seulement.
5. Il reste beaucoup de fiches?   Non, quelques fiches seulement.
6. Il reste beaucoup de livres?   Non, quelques livres seulement.
7. Il reste beaucoup d'autos?   Non, quelques autos seulement.
8. Il reste beaucoup de malles?   Non, quelques malles seulement.

PRACTICE A–8

Tutor : Les billets sont chers?
Student : Non, certains billets seulement.

1. Les chemises sont chères?	Non, certaines chemises seulement.
2. Les restaurants sont bons?	Non, certains restaurants seulement.
3. Les routes sont mauvaises?	Non, certaines routes seulement.
4. Les manteaux sont chers?	Non, certains manteaux seulement.
5. Les classes sont bonnes?	Non, certaines classes seulement.
6. Les livres sont en solde?	Non, certains livres seulement.
7. Les chambres sont louées?	Non, certaines chambres seulement.

PRACTICE A–9

Tutor : Les billets sont chers?
Student : Certains, oui.

1. Les chemises sont chères?	Certaines, oui.
2. Les restaurants sont bons?	Certains, oui.
3. Les chambres sont chères?	Certaines, oui.
4. Les routes sont mauvaises?	Certaines, oui.
5. Les manteaux sont chers?	Certains, oui.
6. Les classes sont bonnes?	Certaines, oui.
7. Les livres sont en solde?	Certains, oui.
8. Les chambres sont louées?	Certaines, oui.

PRACTICE A–10

Tutor : Il va à l'hôtel.
Student : A quel hôtel va-t-il?

1. Ils sont à l'hôtel.	A quel hôtel sont-ils?
2. Ils vont au restaurant.	A quel restaurant vont-ils?
3. Il est au café.	A quel café est-il?
4. Elle déjeune au restaurant.	A quel restaurant déjeune-t-elle?
5. On déjeune au café.	A quel café déjeune-t-on?
6. Il va chez le cordonnier.	Chez quel cordonnier va-t-il?
7. Elles vont chez le boucher.	Chez quel boucher vont-elles?
8. Il travaille à la pharmacie.	A quelle pharmacie travaille-t-il?

GRAMMAR 2: NOUN-MARKERS IN NEGATIVE CONSTRUCTIONS

Grammar Note (not recorded)

After the sequence "ne + Verb + pas," the noun-markers "un, une, des" are replaced by *de* (or *d'* if followed by a word beginning with a vowel).

Il a un livre.	Il n'a pas de livre.
Il a des livres.	Il n'a pas de livres.
Il a des soeurs.	Il n'a pas de soeurs.
Ils ont des enfants.	Ils n'ont pas d'enfants.

Note: Certain occurrences when this rule does not apply will be explained later.

LEARNING DRILLS

LEARNING 1

1. Je n'ai pas de pain.
2. *Nous n'avons pas* de pain.
3. *Ils n'ont pas* de pain.
4. *Je ne prends pas* de pain.
5. *Elle n'a pas* de pain.
6. *Je ne vois pas* de pain.
7. *Il ne trouve pas* de pain.
8. *Nous ne demandons pas* de pain.

LEARNING 2

1. Nous n'avons pas de livres.
2. Nous n'avons *pas de bagages.*
3. Nous n'avons *pas de places.*
4. Nous n'avons *pas de fiches.*
5. Nous n'avons *pas de billets.*
6. Nous n'avons *pas de couchettes.*
7. Nous n'avons *pas de fromage.*
8. Nous n'avons *pas de gâteaux.*

LEARNING 3

1. Elle n'a pas d'auto.
2. *Je n'ai pas* d'auto.
3. *Nous ne changeons pas* d'auto.
4. *Je ne veux pas* d'auto.
5. *Je ne vois pas* d'auto.
6. *Nous ne vendons pas* d'autos.
7. *Nous n'assurons pas* d'autos.
8. *On ne loue pas* d'autos.

LEARNING 4

1. Ils n'ont pas d'auto.
2. Ils n'ont pas *d'aspirine.*
3. Ils n'ont pas *d'amis.*
4. Ils n'ont pas *d'enfants.*
5. Ils n'ont pas *d'aller et retour.*
6. Ils n'ont pas *d'encolure 40.*

LEARNING 5

1. Nous n'avons pas de valises.
2. Nous n'avons pas de *places.*
3. Nous n'avons pas de *tickets de quai.*
4. Nous n'avons pas de *bagages.*
5. Nous n'avons pas de *billets.*
6. Nous n'avons pas de *sucre.*
7. Nous n'avons pas de *médicaments.*
8. Nous n'avons pas de *salade.*
9. Nous n'avons pas de *vacances.*
10. Nous n'avons pas de *nouvelles.*
11. Nous n'avons pas de *villa.*
12. Nous n'avons pas de *livres.*

LEARNING 6

1. Nous n'avons pas d'hiver.
2. Nous n'avons pas d'*été.*
3. Nous n'avons pas d'*automne.*
4. Nous n'avons pas d'*enfants.*
5. Nous n'avons pas d'*auto.*
6. Nous n'avons pas d'*amis.*
7. Nous n'avons pas d'*aspirine.*
8. Nous n'avons pas d'*aller et retour.*

PRACTICE DRILLS

PRACTICE A–1

Tutor   : Avez-vous une auto?
Student : Non, nous n'avons pas d'auto.

1. Avez-vous des enfants?	Non, nous n'avons pas d'enfants.
2. Avez-vous des amis?	Non, nous n'avons pas d'amis.
3. Avez-vous des aller et retour?	Non, nous n'avons pas d'aller et retour.
4. Avez-vous de l'aspirine?	Non, nous n'avons pas d'aspirine.
5. Avez-vous des après-midis libres?	Non, nous n'avons pas d'après-midis libres.
6. Avez-vous des hivers très froids?	Non, nous n'avons pas d'hivers très froids.
7. Avez-vous un ami?	Non, nous n'avons pas d'ami.
8. Avez-vous une amie?	Non, nous n'avons pas d'amie.

PRACTICE A–2

1. Je n'ai pas de place.
2. Je n'ai pas de *billet*.
3. Je n'ai pas d'*ami*.
4. Je n'ai pas de *chambre*.
5. Je n'ai pas d'*auto*.
6. Je n'ai pas de *vacances*.
7. Je n'ai pas d'*aspirine*.
8. Je n'ai pas de *monnaie*.

PRACTICE A–3

Tutor   : Avez-vous du pain?
Student : Non, je n'ai pas de pain.

1. Avez-vous des amis?	Non, je n'ai pas d'amis.
2. Avez-vous des fruits?	Non, je n'ai pas de fruits.
3. Avez-vous un bureau?	Non, je n'ai pas de bureau.
4. Avez-vous de l'aspirine?	Non, je n'ai pas d'aspirine.
5. Avez-vous des vacances?	Non, je n'ai pas de vacances.
6. Avez-vous une auto?	Non, je n'ai pas d'auto.
7. Avez-vous de la monnaie?	Non, je n'ai pas de monnaie.

PRACTICE A–4

Tutor   : Avez-vous des nouvelles?
Student : Non, je n'ai pas de nouvelles.

1. Achetez-vous de la viande?	Non, je n'achète pas de viande.
2. Donnez-vous des renseignements?	Non, je ne donne pas de renseignements.
3. Apportez-vous des nouvelles?	Non, je n'apporte pas de nouvelles.
4. Y a-t-il du vent?	Non, il n'y a pas de vent.
5. Y a-t-il du soleil?	Non, il n'y a pas de soleil.
6. Avez-vous des fenêtres?	Non, je n'ai pas de fenêtres.
7. Réparez-vous des chaussures?	Non, je ne répare pas de chaussures.

Tutor   : Aimez-vous les fruits?
Student : Non, je n'aime pas les fruits.

1. Avez-vous des fruits?   Non, je n'ai pas de fruits.
2. Avez-vous une auto?   Non, je n'ai pas d'auto.
3. Avez-vous l'auto?   Non, je n'ai pas l'auto.
4. Donnez-vous les renseignements?   Non, je ne donne pas les renseignements.
5. Trouvez-vous les billets?   Non, je ne trouve pas les billets.
6. Montez-vous la valise?   Non, je ne monte pas la valise.
7. Montez-vous les bagages?   Non, je ne monte pas les bagages.
8. Louez-vous des chambres?   Non, je ne loue pas de chambres.
9. Avez-vous un manteau?   Non, je n'ai pas de manteau.
10. Y a-t-il des wagons-lits?   Non, il n'y a pas de wagons-lits.

PRACTICE A–6

Tutor   : Avez-vous ma valise?
Student : Non, je n'ai pas votre valise.

Tutor   : Avez-vous votre valise?
Student : Non, je n'ai pas ma valise.

Tutor   : Avez-vous des valises?
Student : Non, je n'ai pas de valises.

1. Avez-vous une valise?   Non, je n'ai pas de valise.
2. Avez-vous mes valises?   Non, je n'ai pas vos valises.
3. Avez-vous des bagages?   Non, je n'ai pas de bagages.
4. Avez-vous un frère?   Non, je n'ai pas de frère.
5. Avez-vous une soeur?   Non, je n'ai pas de soeur.
6. Avez-vous des soeurs?   Non, je n'ai pas de soeurs.
7. Avez-vous votre livre?   Non, je n'ai pas mon livre.
8. Avez-vous un livre?   Non, je n'ai pas de livre.
9. Avez-vous les livres?   Non, je n'ai pas les livres.
10. Avez-vous mon livre?   Non, je n'ai pas votre livre.
11. Avez-vous le livre?   Non, je n'ai pas le livre.
12. Avez-vous les livres?   Non, je n'ai pas les livres.
13. Avez-vous une auto?   Non, je n'ai pas d'auto.
14. Avez-vous l'auto?   Non, je n'ai pas l'auto.
15. Avez-vous ma place?   Non, je n'ai pas votre place.
16. Avez-vous mon billet?   Non, je n'ai pas votre billet.
17. Avez-vous une place?   Non, je n'ai pas de place.
18. Avez-vous des places?   Non, je n'ai pas de places.

GRAMMAR 3: LARGER NUMBERS

Grammar Note (not recorded)

Large cardinal numbers include:

100	cent
200	deux cents
300	trois cents

400	quatre cents
500	cinq cents
600	six cents
700	sept cents
800	huit cents
900	neuf cents
1.000	mille
1.100	onze cents "or" mille cent
1.200	douze cents "or" mille deux cents
1.300	treize cents "or" mille trois cents
1.400	quatorze cents "or" mille quatre cents
1.500	quinze cents "or" mille cinq cents
1.600	seize cents "or" mille six cents
1.700	dix-sept cents "or" mille sept cents
1.800	dix-huit cents "or" mille huit cents
1.900	dix-neuf cents "or" mille neuf cents
2.000	deux mille
3.000	trois mille
10.000	dix mille
20.000	vingt mille
30.000	trente mille
100.000	cent mille
200.000	deux cent mille
300.000	trois cent mille
1.000.000	un million
5.000.000	cinq millions
1.000.000.000	un milliard

The numbers *million* and *milliard* are marked nouns:

	cent euros	"one hundred euros"
	mille euros	"one thousand euros"
but:	un million d'euros	"one million euros"
	un milliard d'euros	"one billion euros"

LEARNING DRILLS

LEARNING 1

1. J'ai 200 euros.
2. J'ai *300 euros.*
3. J'ai *400 euros.*
4. J'ai *500 euros.*
5. J'ai *600 euros.*
6. J'ai *700 euros.*
7. J'ai *800 euros.*
8. J'ai *900 euros.*

LEARNING 2

1. Il reste 1.000 euros.
2. Il reste *2.000 euros.*
3. Il reste *3.000 euros.*
4. Il reste *10.000 euros.*
5. Il reste *12.000 euros.*
6. Il reste *70.000 euros.*
7. Il reste *80.000 euros.*
8. Il reste *40.000 euros.*
9. Il reste *90.000 euros.*

LEARNING 3

1. Il me faut 100.000 euros.
2. Il me faut *200.000 euros.*
3. Il me faut *800.000 euros.*
4. Il me faut *900.000 euros.*
5. Il me faut *950.000 euros.*
6. Il me faut *320.000 euros.*
7. Il me faut *430.000 euros.*
8. Il me faut *290.000 euros.*

> **End of Tape 10B**
> **End of CD 10**

LEARNING 4

1. Ça coûte 1.000.000 d'euros.
2. Ça coûte *1.000.000.000 d'euros.*
3. Ça coûte *1.350.000 euros.*
4. Ça coûte *10.970.000 euros.*
5. Ça coûte *100.830.000 euros.*
6. Ça coûte *300.250.000 euros.*
7. Ça coûte *8.990.000 euros.*
8. Ça coûte *3.345.000 euros.*
9. Ça coûte *4.160.000 euros.*

LEARNING 5

1. Je dois 1.000 euros.
2. Je dois *onze cents euros.*
3. Je dois *douze cents euros.*
4. Je dois *treize cents euros.*
5. Je dois *quatorze cents euros.*
6. Je dois *quinze cents euros.*
7. Je dois *seize cents euros.*
8. Je dois *dix-sept cents euros.*
9. Je dois *dix-huit cents euros.*
10. Je dois *dix-neuf cents euros.*

LEARNING 6

Répétez:	15	quinze
	95	quatre-vingt-quinze
	195	cent quatre-vingt-quinze
	395	trois cent quatre-vingt-quinze
	1.395	mille trois cent quatre-vingt-quinze
	5.395	cinq mille trois cent quatre-vingt-quinze
	55.395	cinquante-cinq mille trois cent quatre-vingt-quinze
	155.395	cent cinquante-cinq mille trois cent quatre-vingt-quinze
	955.395	neuf cent cinquante-cinq mille trois cent quatre-vingt-quinze
	1.955.395	un million neuf cent cinquante-cinq mille trois cent quatre-vingt-quinze

LEARNING 7

Répétez:	1	un
	81	quatre-vingt-un
	181	cent quatre-vingt-un
	881	huit cent quatre-vingt-un
	1.881	mille huit cent quatre-vingt-un
	11.881	onze mille huit cent quatre-vingt-un
	71.881	soixante et onze mille huit cent quatre-vingt-un
	171.881	cent soixante et onze mille huit cent quatre-vingt-un
	271.881	deux cent soixante et onze mille huit cent quatre-vingt-un
	1.271.881	un million deux cent soixante et onze mille huit cent quatre-vingt-un

Learning 8

Répétez:	6	six
	46	quarante-six
	146	cent quarante-six
	746	sept cent quarante-six
	1.746	mille sept cent quarante-six
	2.746	deux mille sept cent quarante-six
	22.746	vingt-deux mille sept cent quarante-six
	122.746	cent vingt-deux mille sept cent quarante-six
	322.746	trois cent vingt-deux mille sept cent quarante-six
	1.322.746	un million trois cent vingt-deux mille sept cent quarante-six

PRACTICE DRILLS

Practice A–1

Lisez: le 4 juillet 1776
le 3 septembre 1783
le 17 septembre 1787
le 11 novembre 1918
le 7 décembre 1941
le 6 juin 1944
le 15 août 1945
le 25 décembre 1966
le ler janvier 1967

le 14 avril 1865
le 12 octobre 1492
le 5 juin 1672
le 18 avril 1775
le 9 août 1832
le 2 février 1812
le 10 mars 1969
le 9 octobre 1984
le 31 décembre 1990

Practice A–2

Lisez:	155	121	111	666	375
	1.555	1.210	1.111	1.666	3.750
	15.555	12.100	11.111	16.666	37.500
	155.555	121.000	111.111	160.666	375.000
	880	101	109	125	123
	1.808	1.101	199	2.525	1.234
	8.148	11.100	949	12.525	12.245
	18.018	100.101	1.909	125.521	123.456
	103	1.949	11.848	199.000	
	1.103	2.949	627.999	1.661.681	
	2.103	199.884	1.336.101	1.600.600.606	
	1.203.301	1.701.611	13.621.381	1.001.001.001	

1.010.010.010
3.616.717.313
12.212.331
1.191

PRACTICE A–3
(not recorded)

Ecrivez: 176.001 – 166.011 – 716.071 – 807.107 – 508.992
           482.608 – 991.570 – 412.210 – 402.610 – 410.502
           612.868 – 114.344 – 76.916 – 116.161 – 548.661
           971.055 – 55.766 – 105.105 – 995.605 – 282.392

PRACTICE A–4

1. Je voudrais 50 euros.
2. Je voudrais *1.000* euros.
3. Je voudrais *1.000.000* d'euros.
4. Je voudrais *100* euros.
5. Je voudrais *1.500.000* euros.
6. Je voudrais *1.000.000.000* d'euros.
7. Je voudrais *50.000* euros.
8. Je voudrais *1.000.000* d'euros.

GRAMMAR 4: IMPERSONAL VERBS

Grammar Note (not recorded)

Weather phenomena are expressed by verbs having as subjects the impersonal subject pronoun *il*. There are three such verb patterns:

1. *Il fait,* followed by

   a. certain adjectives

Il fait froid.	"It's cold weather."
Il fait chaud.	"It's hot weather."
Il fait sec.	"It's dry weather."
Il fait beau (temps).	"It's nice (weather)."
Il fait mauvais (temps).	"It's bad (weather)."
Il fait frais.	"It's cool weather."

   b. *du* + N

Il fait du soleil.	"It's sunny weather."
Il fait du vent.	"It's windy weather."

2. *Il y a,* followed by du/de la + N

Il y a du soleil.	"It's sunny weather."
Il y a du vent.	"It's windy weather."

   (see L.3–Gr.4)

3. *Special verbs.*

(pleuvoir)	Il pleut.	"It's raining."
(geler)	Il gèle.	"It's freezing."
(neiger)	Il neige.	"It's snowing."

(see L.5–Gr.4)

Besides those verbs which express weather phenomena, there are other impersonal verbs:

(falloir)	C'est exactement ce qu'il me faut.	"It's exactly what I need."
(y avoir)	Il y a un bon café près d'ici.	"There's a good café near here."

(see L.2,3,6–Gr.4)

Note that some verbs can be "occasionally" impersonal.

	Il reste plusieurs chemises.	"There are several shirts left."
but:	Nous restons ici.	"We're staying here."
	Il fait du vent.	"It's windy weather."
but:	Nous faisons des courses.	"We're shopping."

(see verb faire, Gr.5–U.5)

LEARNING DRILLS

LEARNING 1

1. Il reste plusieurs chemises.
2. Il reste *quelques places*.
3. Il reste *douze billets*.
4. Il reste *beaucoup de places*.
5. Il reste *quelques minutes*.
6. Il reste *de la salade*.
7. Il reste *du pain*.
8. Il reste *quelque chose*.

LEARNING 2

1. Il faut accepter.
2. Il faut *écouter*.
3. Il faut *espérer*.
4. Il faut *essayer*.
5. Il faut *être à l'heure*.
6. Il faut *arriver à l'heure*.
7. Il faut *acheter quelque chose*.
8. Il faut *apporter quelque chose*.

LEARNING 3

1. Il y a du vent.
2. Il y a *du pain*.
3. Il y a *de la salade*.
4. Il y a *des enfants*.
5. Il y a *un hôtel*.
6. Il y a *du soleil*.
7. Il y a *quelques places*.
8. Il y a *beaucoup de vent*.

LEARNING 4

1. Il fait humide dans cette région.
2. Il fait *beau* dans cette région.
3. Il fait *sec* dans cette région.
4. Il fait *chaud* dans cette région.
5. Il fait *froid* dans cette région.
6. Il fait *frais* dans cette région.
7. Il fait *mauvais* dans cette région.

LEARNING 5

1. Il pleut là-bas.
2. *Il neige* là-bas.
3. *Il gèle* là-bas.
4. *Il y a du soleil* là-bas.
5. *Il y a du vent* là-bas.
6. *Il fait chaud* là-bas.
7. *Il pleut* là-bas.

LEARNING 6

1. Il faut rester.
2. Il faut *demander*.
3. Il faut *déjeuner*.
4. Il faut *fermer*.
5. Il faut *rentrer*.
6. Il faut *travailler*.
7. Il faut *rester*.
8. Il faut *nettoyer*.
9. Il faut *rester*.

PRACTICE DRILLS

PRACTICE A–1

Tutor : Reste-t-il du pain?
Student : Oui, il reste du pain.

1. Faut-il travailler?	Oui, il faut travailler.
2. Faut-il demander?	Oui, il faut demander.
3. Y a-t-il des places?	Oui, il y a des places.
4. Reste-t-il des billets?	Oui, il reste des billets.
5. Fait-il mauvais?	Oui, il fait mauvais.
6. Y a-t-il du vent?	Oui, il y a du vent.
7. Pleut-il?	Oui, il pleut.

PRACTICE A–2

Tutor : Combien de billets reste-t-il?
Student : Il reste deux billets.

1. Combien de jours faut-il?	Il faut deux jours.
2. Combien de semaines reste-t-il?	Il reste deux semaines.
3. Combien de valises y a-t-il?	Il y a deux valises.
4. Combien de places reste-t-il?	Il reste deux places.
5. Combien de places y a-t-il?	Il y a deux places.
6. Combien de mois faut-il?	Il faut deux mois.
7. Combien de minutes reste-t-il?	Il reste deux minutes.

PRACTICE A–3

Tutor : Pleut-il aujourd'hui?
Student : Non, il ne pleut pas.

1. Fait-il froid aujourd'hui?	Non, il ne fait pas froid.
2. Y a-t-il du soleil aujourd'hui?	Non, il n'y a pas de soleil.
3. Gèle-t-il aujourd'hui?	Non, il ne gèle pas.
4. Fait-il beau aujourd'hui?	Non il ne fait pas beau.
5. Y a-t-il du vent aujourd'hui?	Non, il n'y a pas de vent.
6. Neige-t-il aujourd'hui?	Non, il ne neige pas.
7. Fait-il chaud aujourd'hui?	Non, il ne fait pas chaud.

GRAMMAR 5: VERB *FAIRE*

Grammar Note (not recorded)

Je suis heureux de faire votre connaissance, Mademoiselle.
Faisons des courses.
On fait réparer les chaussures chez le cordonnier.
Il fait mauvais temps.

Here are the forms of the highly frequent verb *faire* 'to do, to make':

SP_____Verb

je fais	"I make"
il fait	"he makes"

ils font	"they make"
nous faisons	"we make"
vous faites	"you make"

Verb   SP

est-ce que je fais	"do I make"
fait-il	"does he make"
font-ils	"do they make"
faisons-nous	"do we make"
faites-vous	"do you make"

SP   ne   Verb   pas

je ne fais pas	"I don't make"
il ne fait pas	"he doesn't make"
ils ne font pas	"they don't make"
nous ne faisons pas	"we don't make"
vous ne faites pas	"you don't make"

ne   Verb   SP   pas

Est-ce que je ne fais pas de café?	"don't I make coffee?"
ne fait-il pas	"doesn't he make"
ne font-ils pas	"don't they make"
ne faisons-nous pas	"don't we make"
ne faites-vous pas	"don't you make"

Note: The verb *faire* must always be used with an object, never alone.

LEARNING DRILLS

LEARNING 1

1. Ils font les bagages cet après-midi.
2. *Vous faites les bagages* cet après-midi.
3. *On fait les bagages* cet après-midi.
4. *Elle fait les bagages* cet après-midi.
5. *Il fait les bagages* cet après-midi.
6. *Nous faisons les bagages* cet après-midi.
7. *Je fais les bagages* cet après-midi.
8. *Elles font les bagages* cet après-midi.
9. *Ils font les bagages* cet après-midi.

LEARNING 2

Tutor   : Je fais mes bagages. Et vous?   Student : Je fais mes bagages aussi.

1. Je fais mes valises. Et vous?   Je fais mes valises aussi.
2. Je fais des courses. Et vous?   Je fais des courses aussi.
3. Je fais ma valise. Et vous?   Je fais ma valise aussi.

4. Je fais mes malles. Et vous?   Je fais mes malles aussi.
5. Je fais mes bagages. Et vous?   Je fais mes bagages aussi.

Learning 3

1. Janine est en ville, elle fait des courses.
2. *Mon frère est en ville; il* fait des courses.
3. *Ma soeur est en ville: elle* fait des courses.
4. *Mon père est en ville; il* fait des courses.
5. *M. Lelong est en ville; il* fait des courses.
6. *Henri est en ville, il* fait des courses.
7. *Janine est en ville; elle* fait des courses.

Learning 4

1. Mes frères sont dans la chambre; ils font leurs bagages.
2. *Mes soeurs sont dans la chambre; elles* font leurs bagages.
3. *Mon frère et ma soeur sont dans la chambre; ils* font leurs bagages.
4. *Mes amis sont dans la chambre; ils* font leurs bagages.
5. *Mes parents sont dans la chambre; ils* font leurs bagages.
6. *Janine et sa soeur sont dans la chambre; elles* font leurs bagages.

Learning 5

1. Nous faisons des courses.
2. Nous faisons *nos bagages.*
3. Nous faisons *nos valises.*
4. Nous faisons *nos malles.*
5. Nous faisons *du café.*
6. Nous faisons *autre chose.*
7. Nous faisons *des courses.*

Learning 6

1. Que faites-vous dimanche?
2. Que faites-vous *l'après-midi?*
3. Que faites-vous *pendant le week-end?*
4. Que faites-vous *ce matin?*
5. Que faites-vous *à midi?*
6. Que faites-vous *ce soir?*
7. Que faites-vous *demain matin?*

PRACTICE DRILLS

Practice A–1

1. Je suis en ville; je fais des courses.
2. *Ils sont en ville;* ils font des courses.
3. *Nous sommes en ville;* nous faisons des courses.
4. *Il est en ville;* il fait des courses.
5. *Elle est en ville;* elle fait des courses.
6. *On est en ville;* on fait des courses.
7. *Elles sont en ville;* elles font des courses.

Practice A–2

Tutor   : Où êtes-vous?
Student : Je suis en ville; je fais des courses.

1. Où est-elle?   Elle est en ville; elle fait des courses.
2. Où sont-ils?   Ils sont en ville; ils font des courses.
3. Où êtes-vous?   Je suis en ville; je fais des courses.

4. Où est-il?
5. Où sont-elles?

Il est en ville; il fait des courses.
Elles sont en ville; elles font des courses.

PRACTICE A–3

Tutor   : Vous êtes en ville?
Student : Oui, je fais des courses.

1. Elles sont en ville?
2. Il est en ville?
3. Ils sont en ville?
4. Vous êtes en ville?
5. Elle est en ville?

Oui, elles font des courses.
Oui, il fait des courses.
Oui, ils font des courses.
Oui, je fais des courses.
Oui, elle fait des courses.

PRACTICE A–4

1. Que faites-vous? Vous allez en ville?
2. Que fait-il? *Il va en ville?*
3. Que fait-on? *On va en ville?*
4. Que faisons-nous? *Nous allons en ville?*
5. Que font-ils? *Ils vont en ville?*
6. Que fait-elle? *Elle va en ville?*
7. Que faites-vous? *Vous allez en ville?*
8. Que font-elles? *Elle vont en ville?*

PRACTICE A–5

1. Je suis dans ma chambre; je fais mes valises.
2. *Elles sont dans leur chambre;* elles font leurs valises.
3. *Nous sommes dans notre chambre;* nous faisons nos valises.
4. *Il est dans sa chambre;* il fait ses valises.
5. *Elle est dans sa chambre;* elle fait ses valises.
6. *Ils sont dans leur chambre;* ils font leurs valises.
7. *Je suis dans ma chambre;* je fais mes valises.

> **End of Tape 11A**

PRACTICE A–6

Tutor   : Que faites-vous?
Student : Je fais enregistrer mes bagages.

1. Que fait-il?
2. Que font-ils?
3. Que faites-vous?
4. Que fait-elle?
5. Que faites-vous?

Il fait enregistrer ses bagages.
Ils font enregistrer leurs bagages.
Je fais enregistrer mes bagages.
Elle fait enregistrer ses bagages.
Je fais enregistrer mes bagages.

SITUATIONS

SITUATION I

L. Je voudrais louer une villa pour
l'été dans la région de Nice.
E. Au bord de la mer, Monsieur?
L. Oui, et avec trois chambres.
E. Nous en avons une de libre pour deux mois.
L. Combien coûte-t-elle?
E. 2000 euros par mois.
L. Très bien, je vais vous
téléphoner cet après-midi pour
vous dire si je la prends.

M. Léger est dans une *agence immobilière*.
Il voudrait louer une villa. L'agence a
une villa au bord de la mer. Elle est
libre pour deux mois et elle coûte 2000
euros par mois. M. Léger va *téléphoner*
cet après-midi.

"real estate"
"to telephone"

SITUATION II

C. Je dois aller à la gare.
Est-ce que vous voulez venir avec moi?
B. Non, merci. Il fait trop froid.
Quand il neige, je reste chez moi.
C. Voulez-vous que je vous apporte quelque chose?
B. Oh! Je ne voudrais pas vous déranger, mais
si vous allez à la pharmacie, pouvez-vous
m'apporter de l'aspirine.
C. Volontiers.

M. Cassin va à la gare.
M. Berthier ne veut pas aller à la gare
avec lui, parce qu'il fait trop froid.
M. Cassin va apporter de l'aspirine à
M. Berthier.

"with him"

QUESTION DRILL

1. Comment sont les routes quand il pleut?
2. Pleut-il souvent au mois de juillet dans le Midi?
3. Neige-t-il l'été dans le Midi?
4. Quel temps fait-il dans le Midi?
5. Allez-vous au bord de la mer quand il fait froid?
6. Quand allez-vous au bord de la mer?
7. Aimez-vous la neige?
8. Qu'allez-vous faire pendant le week-end?
9. Avez-vous des vacances?
10. Combien de jours avez-vous?
11. Aimez-vous les vacances?
12. Quand vous avez des vacances, où allez-vous?
13. Allez-vous à la campagne ou au bord de la mer l'été?
14. Avez-vous une villa dans le Midi?
15. Quand commence l'été?
16. Quel est le dernier jour de l'hiver?
17. Où habitez-vous?
18. Combien de jours y a-t-il dans l'année?
19. Quels sont les mois de 31 jours?
20. Que comptez-vous faire cet été?
21. Habitez-vous en ville ou à la campagne?
22. Fait-il froid l'été à Paris?
23. Neige-t-il quand il fait chaud?
24. Comptez-vous travailler pendant vos vacances?

25. Travaillez-vous le dimanche?
26. Traversez-vous la ville pour venir travailler?
27. Combien de jours y a-t-il en juin?
28. Aimez-vous les chaussures à grosses semelles?
29. Qu'allez-vous faire samedi prochain?
30. Allez-vous souvent au bord de la mer?

RESPONSE DRILL

1. Demandez à ... où il est allé pendant le week-end.
2. Demandez à ... s'il est allé à la campagne.
3. Demandez à ... si la nouvelle route traverse la forêt.
4. Dites que vous espérez prendre vos vacances la semaine prochaine.
5. Dites que vous n'aimez pas les vacances.
6. Demandez à ... s'il a beaucoup de vacances.
7. Demandez à ... s'il pleut aujourd'hui.
8. Dites que vous ne savez pas quel temps il fait aujourd'hui.
9. Demandez à ... s'il sait qu'il va pleuvoir.
10. Demandez à ... s'il sait où vous habitez.
11. Dites à ... que vous ne savez pas où il habite.
12. Demandez à ... où il habite.
13. Dites que vous habitez près d'ici.
14. Dites que vous restez à Paris jusqu'en juin.
15. Demandez à ... comment il va au bord de la mer.
16. Demandez à ... s'il aime la nouvelle route.
17. Demandez à ... si ses bagages sont dans l'auto.
18. Demandez à ... s'il sait où sont ses amis.
19. Dites que vos amis arrivent bientôt.
20. Demandez à ... combien de valises il a.
21. Dites à ... que vous comptez aller en ville samedi.
22. Demandez à ... s'il travaille vendredi prochain.
23. Demandez à ... jusqu'à quelle heure il travaille.
24. Dites à ... que vous ne savez pas à quelle heure vous allez travailler.
25. Demandez à ... s'il aime Paris au printemps.
26. Demandez à ... pourquoi il ne va pas à Paris en été.
27. Demandez à ... s'il y a beaucoup de monde à Paris en août.
28. Demandez à ... s'il sait à quelle heure arrive l'avion de Paris.
29. Dites à ... que vous ne savez pas le nom de l'hôtel où sont vos amis.
30. Dites à ... que vous allez déposer votre ami à la gare.
31. Dites-moi que j'exagère toujours.

REVIEW DRILLS

REVIEW 1

Tutor   : Vous arrivez à 1 heure?
Student : Non, j'arrive à 2 heures.

Tutor   : Vous arrivez à 3 heures?
Student : Non, j'arrive à 4 heures.

1. Vous déjeunez à midi?   Non, je déjeune à 1 heure.
2. Vous arrivez à 5 heures?   Non, j'arrive à 6 heures.
3. Vous déjeunez à 1 heure?   Non, je déjeune à 2 heures.
4. Vous arrivez à 8 heures?   Non, j'arrive à 9 heures.
5. Vous arrivez à 10 heures?   Non, j'arrive à 11 heures.
6. Vous arrivez à 6 heures?   Non, j'arrive à 7 heures.
7. Vous déjeunez à 11 heures?   Non, je déjeune à midi.
8. Vous arrivez à 9 heures?   Non, j'arrive à 10 heures.

REVIEW 2

Tutor : Combien font 70 et 1?
Student : 70 et 1 font 71.

1. Combien font 60 et 1?   60 et 1 font 61.
2. Combien font 80 et 1?   80 et 1 font 81.
3. Combien font 69 et 1?   69 et 1 font 70.
4. Combien font 100 et 1?   100 et 1 font 101.
5. Combien font 89 et 1?   89 et 1 font 90.
6. Combien font 90 et 1?   90 et 1 font 91.
7. Combien font 20 et 1?   20 et 1 font 21.
8. Combien font 1.000 et 1?   1.000 et 1 font 1.001.

REVIEW 3

Tutor : Combien font 10 et 6?
Student : 10 et 6 font 16.

1. Combien font 3 et 3?   3 et 3 font 6.
2. Combien font 3 et 4?   3 et 4 font 7.
3. Combien font 1 et 1?   1 et 1 font 2.
4. Combien font 6 et 6?   6 et 6 font 12.
5. Combien font 5 et 5?   5 et 5 font 10.
6. Combien font 2 et 1?   2 et 1 font 3.
7. Combien font 10 et 3?   10 et 3 font 13.
8. Combien font 10 et 2?   10 et 2 font 12.
9. Combien font 2 et 2?   2 et 2 font 4.
10. Combien font 12 et 2?   12 et 2 font 14.
11. Combien font 6 et 4?   6 et 4 font 10.
12. Combien font 16 et 4?   16 et 4 font 20.
13. Combien font 4 et 6?   4 et 6 font 10.

REVIEW 4

Tutor : Avez-vous une auto?
Student : Non, je n'ai pas d'auto.

1. Avez-vous de la monnaie?   Non, je n'ai pas de monnaie.
2. Avez-vous de l'aspirine?   Non, je n'ai pas d'aspirine.
3. Avez-vous des enfants?   Non, je n'ai pas d'enfants.
4. Avez-vous une place?   Non, je n'ai pas de place.
5. Avez-vous du fromage?   Non, je n'ai pas de fromage.
6. Avez-vous une auto?   Non, je n'ai pas d'auto.

7. Avez-vous des vacances?   Non, je n'ai pas de vacances.
8. Avez-vous un frère?   Non, je n'ai pas de frère.

REVIEW 5

Tutor   : Aimez-vous la chaleur?
Student : Non, je n'aime pas la chaleur.

1. Avez-vous du pain?	Non, je n'ai pas de pain.
2. Apportez-vous une valise?	Non, je n'apporte pas de valise.
3. Assurez-vous la valise?	Non, je n'assure pas la valise.
4. Assurez-vous les bagages?	Non, je n'assure pas les bagages.
5. Comptez-vous la monnaie?	Non, je ne compte pas la monnaie.
6. Avez-vous de la monnaie?	Non, je n'ai pas de monnaie.
7. Critiquez-vous la Normandie?	Non, je ne critique pas la Normandie.
8. Demandez-vous des fiches?	Non, je ne demande pas de fiches.
9. Avez-vous les billets?	Non, je n'ai pas les billets.
10. Avez-vous le billet?	Non, je n'ai pas le billet.
11. Avez-vous du sucre?	Non, je n'ai pas de sucre.
12. Savez-vous la leçon?	Non, je ne sais pas la leçon.
13. Y a-t-il de l'aspirine?	Non, il n'y a pas d'aspirine.

WRITTEN EXERCISES

(not recorded)

•

EXERCISE 1

Write the following numbers in full.

1. 15   _____

2. 52   _____

3. 47   _____

4. 81   _____

5. 93   _____

6. 31   _____

7. 86   _____

8. 28   _____

9. 74   _____

10. 67   _____

11. 59   _____

12. 101   _____

13. 24   _____

14. 83   _____

EXERCISE 2

Translate the following sentences.

1. There are several tickets left.

2. There is a question left.

3. They have children.

4. She has several French styles.

5. Some books are expensive.

6. There are several good classes.

7. There are many cars on the street.

8. It is necessary to work tomorrow.

9. I would like to find a few white shirts.

10. We speak to each student.

EXERCISE 3

Answer the following questions negatively.

1. Montez-vous vos bagages?

2. Avez-vous des bagages?

3. Prend-il souvent de l'aspirine?

4. Ont-ils la monnaie de 100 euros?

5. Louez-vous la place?

6. Avez-vous de la crème?

7. Y a-t-il du soleil à Paris?

8. Y a-t-il beaucoup de soleil à Washington?

9. Faut-il acheter du pain?

10. Allez-vous trouver des places?

EXERCISE 4

Using sentence 1 as a model, complete sentences 2 through 8.

1. Je suis dans ma chambre; je fais mes valises.

2. Elle

3. Nous

4. Mme Durand

5. Vous

6. Il

7. Je

8. N. Lelong

Exercise 5

Translate the following sentences into English.

1. Il fait sec dans le Midi en été. _____

2. Il faut rester au bureau ce soir. _____

3. Il reste du fromage. _____

4. Il fait ses bagages. _____

5. Quelle robe voulez-vous essayer? _____

6. Certains costumes vous vont très bien. _____

7. N'avez-vous pas l'adresse de Janine? _____

8. Chez quel ami déjeunez-vous? _____

9. Avec qui sortez-vous samedi? _____

10. Ce n'est pas la peine de téléphoner au gérant. _____

(Answers on pages 177–178)

REVIEW

Basic Sentences and Useful Words

R–1

1. I'd like you to meet Mr. Lelong.
2. I'm happy to meet you, Miss Courtois.
3. How are you?
4. Did you hear from your brother?
5. My sister is with them.
6. See you soon, I hope.
7. It's nearby.
8. Send them my best regards.
9. Are your parents still on vacation?
10. Will you show it to me?

Permettez-moi de vous présenter M. Lelong.
Je suis heureux de faire votre connaissance, Mademoiselle.
Comment allez-vous?
Avez-vous des nouvelles de votre frère?
Ma soeur est avec eux.
A bientôt, j'espère.
Il est près d'ici.
Transmettez-leur mon meilleur souvenir.
Vos parents sont-ils toujours en vacances?
Voulez-vous me la montrer?

R–2

1. We have a nice room on the 1st floor.
2. It suits me just right.
3. I'll have your luggage brought in.
4. It's a very good restaurant.
5. Wake me up tomorrow at seven o'clock.
6. My family arrives this evening.
7. I'm in a hurry.
8. I don't understand you.
9. You are late.
10. What does this word mean?

Nous avons une jolie chambre au premier étage.
Cela me convient tout-à-fait.
Je vais faire apporter vos bagages.
C'est un très bon restaurant.
Réveillez-moi demain à 7 heures.
Ma famille arrive ce soir.
Je suis pressé.
Je ne vous comprends pas.
Vous êtes en retard.
Que veut dire ce mot?

R–3

1. They close at six.
2. Do you want me to drop you off somewhere?
3. I wouldn't want to bother you.
4. I'll get there in time.
5. I'm taking a taxi.
6. We have several vacant.
7. They're going upstairs.
8. It's midnight.
9. It's a quarter to five.
10. My family arrives at a quarter to eleven.

Ils ferment à six heures.
Voulez-vous que je vous dépose quelque part?
Je ne voudrais pas vous déranger.
J'arriverai à temps.
Je prends un taxi.
Nous en avons plusieurs de libres.
Ils montent.
Il est minuit.
Il est cinq heures moins le quart.
Ma famille arrive à onze heures moins le quart.

R–4

1. Would you fill out these forms?
2. I don't know.

Voulez-vous remplir ces fiches?
Je ne sais pas.

3. I think they close at six.   Je crois qu'ils ferment à 6 heures.
4. It's no use.   Ce n'est pas la peine.
5. How many trunks do you have?   Combien de malles avez-vous?
6. How much do I owe you?   Combien vous dois-je?
7. On what train are you leaving?   Par quel train partez-vous?
8. My son is coming home next week.   Mon fils rentre la semaine prochaine.
9. Don't read the lesson.   Ne lisez pas la leçon.
10. Good-by, Miss Courtois.   Au revoir, Mademoiselle.

R–5

1. I'd also like to buy shoes.   Je voudrais aussi acheter des chaussures.
2. That's exactly what I need.   C'est exactement ce qu'il me faut.
3. These are on sale.   Celles-ci sont en solde.
4. Where can I reserve my seats?   Où puis-je retenir mes places?
5. I can give you two window seats.   Je peux vous donner deux coins fenêtres.
6. How's the weather in the winter?   Quel temps fait-il en hiver?
7. He has a villa for the season.   Il a une villa pour la saison.
8. We sell a lot of them.   Nous en vendons beaucoup.
9. For what date?   Pour quelle date?
10. The train leaves on time.   Le train part à l'heure.

R–6

1. Which are the rush hour periods?   Quelles sont les heures d'affluence?
2. Do you want to try them on?   Voulez-vous les essayer?
3. It rains very often there.   Il y pleut très souvent.
4. I'm planning to stay in Paris until May.   Je compte rester à Paris jusqu'en mai.
5. Where can I get a platform ticket?   Où puis-je prendre un ticket de quai?
6. Please follow me to the cash register, sir.   Veuillez me suivre à la caisse, Monsieur.
7. The weather is nice and cool there.   Il y fait beau et frais.
8. My son is coming home next month.   Mon fils rentre le mois prochain.
9. That's all that's left.   C'est tout ce qu'il reste.
10. We don't live here in the Spring.   Nous n'habitons pas ici au printemps.

R–7

1. One buys bread at the baker's.   On achète du pain chez le boulanger.
2. Do you work on Wednesdays?   Travaillez-vous le mercredi?
3. I don't know yet.   Je ne sais pas encore.
4. Coats are cleaned at the dry cleaner's.   On fait nettoyer les manteaux chez le teinturier.
5. My wife doesn't like the heat.   Ma femme n'aime pas la chaleur.
6. Here are three styles in brown.   Voici trois modèles en marron.
7. Are you going out Tuesday?   Sortez-vous mardi?
8. That pair fits me fine.   Cette paire me va très bien.
9. What did you do over the week-end?   Qu'avez-vous fait pendant le week-end?
10. I went to Versailles.   Je suis allé à Versailles.

End of Tape 11B
End of CD 11

R–8

1. Nous allons en Normandie.
2. *J'aime* la Normandie.
3. *Ils sont* en Normandie.
4. *Je traverse* la Normandie.
5. *Vous êtes* en Normandie.
6. *Il va* en Normandie.
7. *Nous aimons* la Normandie.
8. *Nous allons* en Normandie.

R–9

1. Je vais à la pharmacie.
2. Je vais au *magasin*.
3. Je vais à l'*hôtel*.
4. Je vais au *bureau*.
5. Je vais à la *gare*.
6. Je vais en *ville*.
7. Je vais au *rez-de-chausséc*.
8. Je vais à l'*épicerie*.

R–10

1. J'aime la chambre.
2. *Je déjeune* dans la chambre.
3. *Je suis* dans la chambre.
4. *Je ferme* la chambre.
5. *Je vais* dans la chambre.
6. *Je loue* la chambre.
7. *J'aime* la chambre.
8. *Je monte* dans la chambre.

R–11

1. Ils aiment le rez-de-chaussée.
2. *Ils sont* au rez-de-chaussée.
3. *Ils réparent* le rez-de-chaussée.
4. *Ils vont* au rez-de-chaussée.
5. *Ils louent* le rez-de-chaussée.
6. *Ils déjeunent* au rez-de-chaussée.
7. *Ils nettoient* le rez-de-chaussée.
8. *Ils travaillent* au rez-de-chaussée.
9. *Ils ont* le rez-de-chaussée.
10. *Ils aiment* le rez-de-chaussée.

*R–12

1. Ils aiment le bord de la mer.
2. *Ils vont* au bord de la mer.
3. Ils vont à la *campagne*.
4. *Nous déjeunons* à la campagne.
5. Nous déjeunons au *restaurant*.
6. *Je loue* le restaurant.
7. Je loue la *chambre*.
8. *Elles sont* dans la chambre.
9. Elles sont au *bord de la mer*.
10. *Nous allons* au bord de la mer.
11. Nous allons à la *boulangerie*.
12. *On ferme* la boulangerie.
13. On ferme le *café*.
14. *Elles arrivent* au café.

*R–13

1. Ils vont au bord de la mer.
2. *Ils aiment* le bord de la mer.
3. Ils aiment la *ville*.
4. *Nous déjeunons* en ville.
5. Nous déjeunons au *restaurant*.
6. *Je loue* le restaurant.
7. Je loue le *premier étage*.
8. *On monte* au premier étage.
9. On monte dans la *chambre*.
10. *Ils vont* dans la chambre.
11. Ils vont au *magasin*.
12. *Elle ferme* le magasin.

R–14

1. Avez-vous du pain?
2. Avez-vous de la *crème*?
3. Avez-vous de la *salade*?
4. Avez-vous du *sucre*?
5. Avez-vous du *lait*?
6. Avez-vous du *fromage*?
7. Avez-vous de l'*aspirine*?
8. Avez-vous de la *crème*?

R–15

1. Y a-t-il des gâteaux?
2. Y a-t-il du *vent*?
3. Y a-t-il des *bijoux*?
4. Y a-t-il des *autos*?
5. Y a-t-il du *soleil*?
6. Y a-t-il des *places*?
7. Y a-t-il des *billets*?
8. Y a-t-il du *beurre*?
9. Y a-t-il des *médicaments*?

R–16

Tutor : Y a-t-il du vent?
Student : Non, il n'y a pas de vent.

1. Y a-t-il du café?   Non, il n'y a pas de café.
2. Y a-t-il des places?   Non, il n'y a pas de places.
3. Y a-t-il du fromage?   Non, il n'y a pas de fromage.
4. Y a-t-il des oeufs?   Non, il n'y a pas d'oeufs.
5. Y a-t-il du soleil?   Non, il n'y a pas de soleil.
6. Y a-t-il de la salade?   Non, il n'y a pas de salade.
7. Y a-t-il des fenêtres?   Non, il n'y a pas de fenêtres.
8. Y a-t-il des nouvelles?   Non, il n'y a pas de nouvelles.
9. Y a-t-il du vent?   Non, il n'y a pas de vent.
10. Y a-t-il du lait?   Non, il n'y a pas de lait.

*R–17

1. Il n'y a pas de nouvelles.
2. *Il y a* des nouvelles.
3. Il y a des *places*.
4. *Nous n'avons pas* de places.
5. Nous n'avons pas de *billets*.
6. *Nous avons* des billets.
7. Nous avons des *bagages*.
8. *Ils n'ont pas* de bagages.
9. Ils n'ont pas de *légumes*.
10. *Je voudrais* des légumes.

R–18

1. On achète les médicaments à la pharmacie.
2. *On achète le pain* à la boulangerie.
3. *On achète la viande* à la boucherie.
4. *On achète les bijoux* à la bijouterie.
5. *On achète le beurre* à la crèmerie.
6. *On achète les vêtements* au grand magasin.
7. *On achète les légumes* chez le marchand de légumes.
8. *On achète les médicaments* à la pharmacie.

R–19

1. Allez à la pharmacie.
2. Allez chez le *pharmacien*.
3. Allez chez le *bijoutier*.
4. Allez à la *boulangerie*.
5. Allez chez le *boucher*.
6. Allez chez le *teinturier*.
7. Allez à la *blanchisserie*.
8. Allez chez le *blanchisseur*.
9. Allez à l'*épicerie*.
10. Allez chez le *boucher*.
11. Allez chez l'*épicier*.
12. Allez à la *boulangerie*.

R–20

Tutor   : Ne pleut-il pas?
Student : Si, il pleut.

Tutor   : Pleut-il?
Student : Oui, il pleut.

1. Ne fait-il pas beau?	Si, il fait beau.
2. Fait-il froid?	Oui, il fait froid.
3. Neige-t-il?	Oui, il neige.
4. N'y a-t-il pas de vent?	Si, il y a du vent.
5. Y a-t-il du soleil?	Oui, il y a du soleil.
6. Fait-il sec?	Oui, il fait sec.
7. Ne fait-il pas humide?	Si, il fait humide.
8. Y a-t-il du vent?	Oui, il y a du vent.
9. Ne pleut-il pas?	Si, il pleut.
10. Ne fait-il pas froid?	Si, il fait froid.
11. Fait-il humide?	Oui, il fait humide.
12. Ne fait-il pas chaud?	Si, il fait chaud.
13. N'y a-t-il pas de soleil?	Si, il y a du soleil.

R–21

1. La femme de chambre va vous y conduire.
2. *Nous* allons vous y conduire.
3. *On* va vous y conduire.
4. *Mes amis* vont vous y conduire.
5. *Je* vais vous y conduire.
6. *Mon ami* va vous y conduire.
7. *Nous* allons vous y conduire.
8. *Janine* va vous y conduire.
9. *La femme de chambre* va vous y conduire.

R–22

1. Mais ma famille arrive ce soir.
2. *Mais nous* arrivons ce soir.
3. *Mais ma soeur* arrive ce soir.
4. *Mais j*'arrive ce soir.
5. *Mais vous* arrivez ce soir.
6. *Mais mon frère* arrive ce soir.
7. *Mais ma famille* arrive ce soir.

R–23

Tutor   : Je suis pressé et je cherche l'enregistrement.
Student : C'est ici. Combien de malles avez-vous?

1. Ce monsieur est pressé et il cherche l'enregistrement.	C'est ici. Combien de malles a-t-il?
2. Elle est pressée et elle cherche l'enregistrement.	C'est ici. Combien de malles a-t-elle?
3. Nous sommes pressés et nous cherchons l'enregistrement.	C'est ici. Combien de malles avez-vous?

4. Je suis pressé et je cherche l'enregistrement.

C'est ici. Combien de malles avez-vous?

5. Ils sont pressés et ils cherchent l'enregistrement.

C'est ici. Combien de malles ont-ils?

6. Il est pressé et il cherche l'enregistrement.

C'est ici. Combien de malles a-t-il?

7. Elles sont pressées et elles cherchent l'enregistrement.

C'est ici. Combien de malles ont-elles?

8. Nous sommes pressés et nous cherchons l'enregistrement.

C'est ici. Combien de malles avez-vous?

R–24

Tutor   : Allez-vous dans le Midi?
Student : Non, je n'aime pas la chaleur.

1. Vont-ils dans le Midi?   Non, ils n'aiment pas la chaleur.
2. Va-t-elle dans le Midi?   Non, elle n'aime pas la chaleur.
3. Allez-vous dans le Midi?   Non, je n'aime pas la chaleur.
4. Vos parents vont-ils dans le Midi?   Non, ils n'aiment pas la chaleur.
5. Vos amies vont-elles es dans le Midi?   Non, elles n'aiment pas la chaleur.
6. Votre ami va-t-il dans le Midi?   Non, il n'aime pas la chaleur.
7. Allez-vous dans le Midi?   Non, je n'aime pas la chaleur.

R–25

Tutor   : Et Henri, où va-t-il cette année?
Student : Il a une villa en Normandie pour la saison.

1. Et vous, où allez-vous cette année.   J'ai une villa en Normandie pour la saison.
2. Et votre amie, où va-t-elle cette année?   Elle a une villa en Normandie pour la saison.
3. Et vos amis, où vont-ils cette année?   Ils ont une villa en Normandie pour la saison.
4. Et votre ami, où va-t-il cette année?   Il a une villa en Normandie pour la saison.
5. Et vous, où allez-vous cette année?   J'ai une villa en Normandie pour la saison.
6. Et vous et votre femme, où allez-vous cette année?   Nous avons une villa en Normandie pour la saison.
7. Et vos amies, où vont-elles cette année?   Elles ont une villa en Normandie pour la saison.
8. Et Janine, où va-t-elle cette année?   Elle a une villa en Normandie pour la saison.

R–26

Tutor   : Avez-vous des vacances?
Student : Non, nous n'avons pas de vacances.

1. Avez-vous la date?   Non, nous n'avons pas la date.
2. Avez-vous des couchettes?   Non, nous n'avons pas de couchettes.
3. Allez-vous dans le Midi?   Non, nous n'allons pas dans le Midi.
4. Aimez-vous la chaleur?   Non, nous n'aimons pas la chaleur.
5. Fermez-vous à midi?   Non, nous ne fermons pas à midi.

6. Louez-vous le rez-de-chaussée?   Non, nous ne louons pas le rez-de-chaussée.

7. Habitez-vous au rez-de-chaussée?   Non, nous n'habitons pas au rez-de-chaussée.

8. Avez-vous une auto?   Non, nous n'avons pas d'auto.

9. Avez-vous les billets?   Non, nous n'avons pas les billets.

10. Avez-vous des billets?   Non, nous n'avons pas de billets.

11. Etes-vous en retard?   Non, nous ne somnes pas en retard.

12. Traversez-vous la ville?   Non, nous ne traversons pas la ville.

13. Aimez-vous la ville?   Non, nous n'aimons pas la ville.

14. Restez-vous en ville?   Non, nous ne restons pas en ville.

15. Commencez-vous à 9 heures?   Non, nous ne commençons pas à 9 heures.

16. Faites-vous les chambres?   Non, nous ne faisons pas les chambres.

17. Louez-vous des chambres?   Non, nous ne louons pas de chambres.

18. Avez-vous des amis?   Non, nous n'avons nas d'amis.

19. Fermez-vous les fenêtres?   Non, nous ne fermons pas les fenêtres.

20. Allez-vous chez le cordonnier?   Non, nous n'allons pas chez le cordonnier.

21. Faites-vous plusieurs modèles?   Non, nous ne faisons pas plusieurs modèles.

22. Réparez-vous des chaussures?   Non, nous ne réparons pas de chaussures.

R–27 (Lex. & Gr.)

1. I would like you to meet my friend.   Permettez-moi de vous présenter mon ami.

2. I'm happy to meet you, Mr. Durand.   Je suis heureux de faire votre connaissance, Monsieur.

3. Did you hear from your friends?   Avez-vous des nouvelles de vos amis?

4. Here are your friends.   Voilà vos amis.

5. My brother is coming home next week.   Mon frère rentre la semaine prochaine.

6. Are your parents going on vacation this year?   Vos parents vont-ils en vacances cette année?

7. I always go to the south of France.   Je vais toujours dans le Midi.

8. We don't like the heat.   Nous n'aimons pas la chaleur.

9. When are you going to the seashore?   Quand allez-vous au bord de la mer?

10. How is your friend?   Comment va votre ami?

R–28 (Lex. & Gr.)

1. I hope it's my train.	J'espère que c'est mon train.
2. It's a very good climate.	C'est un très bon climat.
3. I'm not in a great hurry.	Je ne suis pas très pressé.
4. What did you do over there?	Qu'avez-vous fait là-bas?
5. I drove to Versailles.	Je suis allé à Versailles en auto.
6. The new road goes through the forest.	La nouvelle route traverse la forêt.
7. Do you know where he is?	Savez-vous où il est?
8. At what time do they arrive?	A quelle heure arrivent-ils?
9. How's the weather over there?	Quel temps fait-il là-bas?
10. Where do they go over the weekend?	Où vont-ils pendant le week-end?

R–29 (Lex. & Gr.)

1. What do they do over the weekend?	Que font-ils pendant le week-end?
2. It's hot until September.	Il fait chaud jusqu'en septembre.
3. We are in Paris.	Nous sommes à Paris.
4. He's at the store until nine.	Il est au magasin jusqu'à neuf heures.
5. He is always alone.	Il est toujours seul.
6. Are you leaving together?	Partez-vous ensemble?
7. I'm not leaving on Sunday.	Je ne pars pas dimanche.
8. I don't know where I'm going.	Je ne sais pas où je vais.
9. I think she's trying on her dress.	Je crois qu'elle essaie sa robe.
10. They are packing.	Ils font les bagages.

R–30 (Lex. & Gr.)

1. How many days do you have?	Combien de jours avez-vous?
2. We find many of them.	Nous en trouvons beaucoup.
3. That's all that's left.	C'est tout ce qu'il reste.
4. They're still here.	Ils sont toujours ici.
5. At what time do you open the store?	A quelle heure ouvrez-vous le magasin?
6. When do you want to have lunch?	Quand voulez-vous déjeuner?
7. We're going to take you there.	Nous allons vous y conduire.
8. We change trains in Lyon.	Nous changeons de train à Lyon.
9. I see my friends on weekends.	Je vois mes amis pendant le week-end.
10. At what time are you free?	A quelle heure êtes-vous libre?

End of Tape 12A

R–31 (Lexical)

1. Do you have change for 1,000 euros?	Avez-vous la monnaie de 1.000 euros?
2. The train arrives at midnight.	Le train arrive à minuit.
3. It think it's too expensive.	Je crois que c'est trop cher.
4. How are your friends?	Comment vont vos amis?
5. It's very windy.	Il y a beaucoup de vent.
6. We have no luggage.	Nous n'avons pas de bagages.
7. It's the last train for Paris.	C'est le dernier train pour Paris.
8. Here they are.	Les voici.
9. Why don't you leave this evening?	Pourquoi ne partez-vous pas ce soir?
10. That date suits me fine.	Cette date me convient tout-à-fait.

R–32 (Lex. & Gr.)

1. What can I do?	Que puis-je faire?
2. When can I go?	Quand puis-je partir?
3. There is something over there.	Il y a quelque chose là-bas.
4. In which compartment are they?	Dans quel compartiment sont-ils?
5. On what train are you leaving?	Par quel train partez-vous?
6. What time do they close?	A quelle heure ferment-ils?
7. I don't know at what time they close.	Je ne sais pas à quelle heure ils ferment.
8. You can always take a taxi.	Vous pouvez toujours prendre un taxi.
9. I'll arrive Sunday afternoon.	J'arriverai dimanche après-midi.
10. Where are you letting off your friends?	Où déposez-vous vos amis?

R–33 (Lexical)

1. What size shirt do you wear?	Quelle est votre encolure?
2. That's what I need.	C'est ce qu'il me faut.
3. It's this way.	C'est par ici.
4. That's what's left.	C'est ce qu'il reste.
5. Give me two.	Donnez-m'en deux.
6. Buy me some.	Achetez-m'en.
7. It's on sale.	C'est en solde.
8. Fruit is not expensive.	Les fruits ne sont pas chers.
9. Does he wash his shirts?	Lave-t-il ses chemises?
10. I drove downtown.	Je suis allé en ville en auto.

R–34 (Lexical)

1. The road was slippery.	La route était glissante.
2. She must also be very pretty.	Elle doit être aussi très jolie.
3. Do you go through the forest?	Traversez-vous la forêt?
4. It's a very nice villa.	C'est une très belle villa.
5. It's warm and damp there.	Il y fait chaud et humide.
6. I don't like the climate.	Je n'aime pas le climat.
7. The countryside is very pretty in the spring.	La campagne est très jolie au printemps.
8. The sun is very strong today.	Le soleil est très fort aujourd'hui.
9. What's the weather like in the winter?	Quel temps fait-il en hiver?
10. I'm staying in Paris until next week.	Je reste à Paris jusqu'à la semaine prochaine.

R–35 (Lexical)

1. It always snows.	Il neige toujours.
2. It was cold last year.	Il a fait froid l'année dernière.
3. Where are you planning to go this summer?	Où comptez-vous aller cet été?
4. Where do you live?	Où habitez-vous?
5. Do you like that restaurant?	Aimez-vous ce restaurant?
6. What are you going to do?	Qu'allez-vous faire?
7. She is prettier than Janine.	Elle est plus jolie que Janine.
8. Do you have any medicine?	Avez-vous des médicaments?
9. I don't know at what time they close.	Je ne sais pas à quelle heure ils ferment.
10. It's the heat.	C'est la chaleur.

COMPREHENSION DRILLS

R–36 (Identification)

Tutor : Je voudrais des billets.
Student : des

Tutor : C'est le train de 21 heures.
Student : le

1. Essayez *ce* costume.
2. Voilà *le* bureau.
3. J'aime *les* fruits.
4. Nous n'avons pas *les* billets.
5. Nous n'avons pas *votre* billet.
6. Je ne sais pas *la* date.
7. Avez-vous *des* bijoux?
8. Je n'aime pas *le* climat.
9. Je cherche *ma* couchette.
10. Où sont *les* gâteaux?

R–37 (Identification)

1. Changez *de* restaurant.
2. Je travaille aussi *le* samedi.
3. Voilà *mon* épicerie.
4. Avez-vous *vos* bagages?
5. Je n'aime pas *le* sucre.
6. Nous n'avons pas *de* bagages.
7. Ils ont *le* temps.
8. Voulez-vous *les* bijoux?
9. Je n'aime pas *cette* chambre.
10. Je cherche *des* chemises blanches.

R–38 (Identification)

1. Je vais faire apporter *les* bagages.
2. Aimez-vous *les* fruits?
3. Je ne sais pas où sont *leurs* places.
4. Est-ce que vous avez *des* places?
5. Je vais faire apporter *leurs* bagages.
6. Je cherche *leur* compartiment.
7. Avez-vous *les* billets?
8. Je ne sais pas où sont *leurs* places.
9. Fermez *leurs* fenêtres, s.v.p.
10. Je ne comprends pas *leurs* questions.

R–39 (Identification)

1. Où sont *les* légumes?
2. Voilà *la* valise.
3. J'aime *cette* paire.
4. Je ne prends pas *de* sucre.

5. Je n'aime pas *ces* costumes.
6. Voilà *nos* valises.
7. Où est l'épicerie?
8. Vous déjeunez avec *votre* soeur?
9. J'espère que vous avez *les* renseignements.
10. Il me faut *dix* oeufs.

R–40

Tutor   : Voilà ce qui reste.
Student : Here is what's left.

1. Savez-vous où elle est?	Do you know where she is?
2. Avez-vous des billets?	Do you have any tickets?
3. Je crois qu'il est ici.	I think he is here.
4. Il va déposer ses amis à la gare.	He is going to let his friends off at the station.
5. Je compte rester jusqu'au douze.	I plan to stay until the 12th.
6. C'est 112 euros.	It is 112 euros.
7. Cet hiver, il a fait plus froid que l'hiver dernier.	This winter, the weather was colder than last winter.
8. Voilà un bon costume.	There is a good suit.
9. C'est 72 euros.	It is 72 euros.
10. Quel temps fait-il en été?	How's the weather in the summer?
11. Ça fait 205 euros.	It amounts to 205 euros.
12. Il habite au 12ème étage.	He lives on the 12th floor.

R–41

1. Ils vont vous y conduire.	They're going to take you there.
2. Leur fille est ici.	Their daughter is here.
3. Chaussez-vous du 38 ou du 39?	Do you wear shoe size 38 or 39?
4. Je voudrais parler à l'employé.	I would like to talk to the employee.
5. Allez-vous retenir des places?	Are you going to reserve any seats?
6. Leurs filles sont en vacances.	Their daughters are on vacation.
7. Je ne sais pas si j'arriverai à temps.	I don't know if I'll get there in time.
8. Je suis heureux d'être ici.	I'm happy to be here.
9. Parlez aux employés.	Speak to the employees.
10. Leur ami n'aime pas ce climat humide.	Their friend doesn't like this humid climate.
11. C'est exactement le modèle qu'il me faut.	That's exactly the style I need.
12. Elle veut essayer la robe.	She wants to try on the dress.
13. Ça veut dire autre chose.	It means something else.
14. Asseyez-vous; vous ne me dérangez pas.	Sit down; you are not disturbing me.

R–42

1. Ils ont des vacances.	They have a vacation.
2. Elle est toujours pressée.	She is always in a hurry.
3. Il aime la chaleur.	He likes the heat.
4. Elle a une villa pour l'été.	She has a villa for the summer.
5. Ils sont en vacances.	They are on vacation.
6. Elles ont beaucoup de bagages.	They have a lot of luggage.

7. Il est toujours à Paris.   He is still in Paris.
8. Elles arrivent ce soir.   They are arriving this evening.
9. Il habite près d'ici.   He lives near here.
10. Elle est en vacances.   She is on vacation.
11. Elle aime mon frère.   She loves my brother.
12. Il a des vacances.   He has a vacation.
13. Je crois qu'elle va bien.   I think she is fine.
14. Je ne sais pas où il est.   I don't know where he is.

R–43

Tutor   : J'ai cinq enfants.
Student : I have 5 children.

1. J'ai cinquante euros.   I have 50 euros.
2. J'ai cinq enfants.   I have 5 children.
3. J'ai cinq cents euros.   I have 500 euros.
8. J'ai cent cinq euros.   I have 105 euros.
5. J'ai cinquante euros.   I have 50 euros.
6. J'ai cinq enfants.   I have 5 children.
7. J'ai cinq cents euros.   I have 500 euros.
8. J'ai cent cinq euros.   I have 105 euros.
9. J'ai cinquante euros.   I have 50 euros.
10. J'ai cent cinq euros.   I have 105 euros.

R–44

1. Ils ont deux enfants.   They have two children.
2. J'ai des enfants.   I have some children.
3. Il y a douze enfants.   There are twelve children.
4. Voilà leurs enfants.   Here are their children.
5. Voilà les enfants.   Here are the children.
6. Y a-t-il des enfants?   Are there any children?
7. Il y a douze enfants.   There are 12 children.
8. Où sont leurs enfants?   Where are their children?
9. Avez-vous deux enfants?   Do you have 2 children?
10. Ils ont deux enfants.   They have 2 children.

R–45

1. J'ai cinq euros.   I have 5 euros.
2. Ça coûte cent euros.   It costs 100 euros.
3. Il a cinq livres.   He has 5 books.
4. Voilà cinq livres.   Here are 5 books.
5. J'ai son livre.   I have his book.
6. Il y a cent livres.   There are 100 books.
7. Je prends cinq livres.   I'll take 5 books.
8. Apportez cinq livres.   Bring 5 books.
9. Achetez son billet.   Buy his ticket.
10. Ça fait cent euros.   It amounts to 100 euros.

R–46

1. C'est un très beau magasin.	It is a very nice store.
2. C'est un très bon magasin.	It is a very good store.
3. Que monte-t-il?	What is he taking upstairs?
4. Que montre-t-il?	What is he showing?
5. J'ai mes livres.	I have my books.
6. J'aime mes livres.	I like my books.
7. Vous savez la leçon?	You know the lesson?
8. Vous avez la leçon?	You have the lesson?
9. Il aime ma soeur.	He loves my sister.
10. Voilà un bon livre.	Here is a good book.
11. Que sait-il?	What does he know?
12. Qu'essaie-t-il?	What is he trying on?
13. Elle est là-bas.	She is over there.
14. Allez là-bas.	Go over there.
15. Il est là-bas.	He is over there.

RESPONSE DRILLS

R–47

1. Demandez à ... combien de fenêtres il y a dans la classe.
2. Demandez à ... s'il est heureux de parler français.
3. Demandez à ... s'il a des amis à Paris.
4. Demandez à ... quel temps il fait aujourd'hui.
5. Demandez à ... s'il y a un bon restaurant près d'ici.
6. Demandez à ... s'il va en ville à une heure.
7. Demandez à ... où vous pouvez prendre un taxi.
8. Demandez à ... s'il sait à quelle heure ferment les magasins.
9. Demandez à ... si son cordonnier est bon.
10. Demandez à ... où il fait nettoyer ses costumes.
11. Demandez à ... où il achète ses chemises.
12. Demandez à ... s'il va neiger ce soir.
13. Demandez à ... s'il compte rester au bureau cet après-midi.
14. Demandez à ... à quelle heure ses amis arrivent.
15. Demandez à ... s'il sait où est le café de Paris.
16. Demandez à ... si votre train est à l'heure.

R–48

1. Dites à ... qu'il n'est pas en retard.
2. Dites à ... que je ne parle pas anglais.
3. Dites à ... que vous n'aimez pas le vent.
4. Dites à ... que vous comptez aller en ville ce soir.
5. Dites à ... que je ne sais pas où il habite.
6. Dites à ... que vous n'avez pas de nouvelles de vos amis.
7. Dites à ... que vous n'avez pas son billet.
8. Dites à ... que vous ne savez pas la date de votre départ.

9. Dites à … que vous êtes heureux de faire sa connaissance.
10. Dites à … que je vais déposer mon ami à la gare.
11. Dites à … que je ne sais pas où est ma place.
12. Dites à … qu'il va prendre un taxi.
13. Dites à … qu'il va pleuvoir dans la soirée.
14. Dites à … qu'il a cinq minutes pour prendre son billet.
15. Dites à … que vous partez par le train de six heures.
16. Dites à … que vous aimez beaucoup sa villa.

> **End of Tape 12B**
> **End of CD 12**

ANSWERS TO WRITTEN EXERCISES

Unit 1

EXERCISE 1

1. I do not understand this word.
2. Now, translate the sentence.
3. The children are always late.
4. Have you any news about your husband?
5. They are at the restaurant together.
6. I hope she is well now.
7. Are we going to have lunch near here?
8. Where are you going to go?
9. The good restaurant is on Lyon Street.
10. How do you go to Paris?
11. With whom are they vacationing?
12. Is Janine going to Paris with them?
13. Excuse me, I can't hear you.
14. Would you speak louder?
15. Are your brother and sister with you?

EXERCISE 2

1. M. Durant est-il en vacances?
2. Votre frère est-il a Lyon?
3. Sont-ils au restaurant?
4. Va-t-elle à Lyon?
5. Avez-vous votre livre?
6. Janine est-elle en classe?
7. Mme Durant va-t-elle au restaurant?
8. Allons-nous à Paris?
9. La classe commence-t-elle à 9 heures?
10. M. et Mme Lelong sont-ils en retard?

EXERCISE 3

2. Il est heureux.
3. Les Durands sont en vacances.
4. Nous sommes en retard.
5. Il va à Paris.
6. Je ne sais pas où elle est.
7. La classe commence à une heure.
8. Les livres sont ici.
9. Nous allons déjeuner à une heure.
10. Ils sont français.
11. Je comprends.
12. Je ne vous entends pas.

Exercise 4

2. Quelle heure est-il?
3. Est-il en retard?
4. Est-il près d'ici?
5. Est-elle en vacances?
6. Quand va-t-il à Paris?
7. Allons-nous au restaurant?
8. A quelle heure la classe commence-t-elle?
9. Comment dit-on ce mot en français?
10. Où allez-vous?

Unit 2

Exercise 1

1. Voulez-vous me montrer la chambre, s'il vous plaît.
2. Je vais remplir les fiches plus tard.
3. Réveillez-moi demain matin à six heures et demie, s'il vous plaît.
4. Ma famille arrive demain.
5. Je voudrais changer de chambre aujourd'hui.
6. Je vois vos bagages.
7. Dites-moi pourquoi il est ici.
8. Je voudrais la monnaie de cent euros.
9. Quand allez-vous au restaurant?
10. Est-il une heure maintenant?

Exercise 2

1. I hope he is well.
2. I know where we are going to eat.
3. Mr. Day is alone for a few days.
4. Room 16 is not on the first (second) floor.
5. We don't have your forms.
6. This evening she is going to the restaurant with them.
7. Aren't they on vacation?
8. I hope there are some vacant rooms.
9. Don't you have change of 100 euros?
10. I wouldn't want to get to the restaurant late.

Exercise 3

1. Avez-vous des livres?
2. Voilà un restaurant.
3. Dites une phrase en français.
4. Je voudrais des chambres communicantes.
5. Une soeur de Mme Durand est ici.
6. Voulez-vous une valise?
7. C'est un frère de Janine.
8. Je vais remplir des fiches.
9. Je voudrais un petit livre.

ANSWERS

Unit 3

1. Voulez-vous ces livres?
2. Ecoutez cette phrase.
3. Que veut dire ce mot?
4. Je sais cette lecon.
5. Cet hôtel est à gauche.
6. Ma place est dans ce coin.
7. Ces enfants sont en classe.
8. Ouvrez cette fenêtre, s'il vous plaît.
9. Asseyez-vous près de cette malle.
10. Je voudrais faire assurer ces bagages.

EXERCISE 2

1. Je rentre lundi matin par le train de neuf heures.
2. Asseyez-vous à côté de Janine.
3. Il va remplir cette fiche tout de suite.
4. Il part ce coir.
5. Je vais vous conduire à la gare ce soir.
6. Je vais faire apporter les bagages.
7. Nous allons arriver quelques jours plus tard.
8. Demandez au bureau de renseignements quelles sont les heures d'arrivée.
9. Je vois les enfants dans la rue.
10. Le train de dix-sept heures trente est toujours à l'heure.

EXERCISE 3

1. Do I owe you anything?
2. This employee always arrives early.
3. Does that date suit you?
4. May I take you to the station?
5. Does he only want to take the trunk?
6. This coffee is too strong.
7. To which station should I go to get the train for Lille?
8. Here I am! What do you want?
9. Why are you changing classes next month?
10. He wants to get a platform ticket when the children arrive.

Unit 4

EXERCISE 1

| 1. | chez | 2. | chez | 3. | à | 4. | à | 5. | à |
| 6. | chez | 7. | chez | 8. | à | 9. | chez | 10. | chez |

Exercise 2

1. Avez-vous des nouvelles?
2. Je voudrais les gâteaux.
3. Il est près de la fenêtre.
4. On trouve des legumes à l'épicerie.
5. Il va acheter du beurre.
6. L'aspirine n'est pas chere.
7. L'hôtel est devant la gare.
8. Il veut de l'aspirine.

Exercise 3

1. Oui, mon frère est en retard.
2. Oui, je suis dans la chambre.
3. Oui, je suis pressé.
4. Oui, il va au restaurant avec Janine.
5. Oui, ma soeur est chez moi.
6. Oui, il va bien.
7. Oui, j'ai un magasin.
8. Oui, il est au rez-de-chaussée.
9. Oui, il va déjeuner avec eux.
10. Oui, il à la chambre 12.

Exercise 4

1. Ses enfants sont en vacances.
2. Leur villa est près d'ici.
3. Sa famille est à Paris.
4. Ses parents sont en retard.
5. Ce n'est pas son frère.
6. Voilà leurs valises.
7. Leurs billets sont au guichet 10.
8. Son bureau est au rez-de-chaussée.
9. Sa malle est à l'enregistrement.
10. Leur chambre est au premier étage.

Unit 5

Exercise 1

1. quinze	2. cinquante-deux	3. quarante-sept
4. quatre-vingt-un	5. quatre-vingt-treize	6. trente et un
7. quatre-vingt-six	8. vingt-huit	9. soixante-quatorze
10. soixante-sept	11. cinquante-neuf	12. cent un
13. vingt-quatre	14. quatre-vingt-trois	

ANSWERS

Exercise 2

1. Il reste plusieurs billets.
2. Il reste une question.
3. Ils ont des enfants.
4. Elle a plusieurs modèles français.
5. Il y a certains livres qui sont chers.
6. Il y a plusieurs classes qui sont très bonnes.
7. Il y a beaucoup de voitures dans la rue.
8. Il faut travailler demain.
9. Je voudrais trouver quelques chemises blanches.
10. Nous parlons à chaque étudiant.

Exercise 3

1. Non, je ne monte pas mes bagages.
2. Non, je n'ai pas de bagages.
3. Non, il ne prend pas souvent d'aspirine.
4. Non, ils n'ont pas la monnaie de 100 euros.
5. Non, je ne loue pas la place.
6. Non, je n'ai pas de créme.
7. Non, il n'y a pas de soleil à Paris.
8. Non, il n'y a pas beaucoup de soleil à Washington.
9. Non, il ne faut pas acheter de pain.
10. Non, je ne vais pas trouver de place.

Exercise 4

2. Elle est dans sa chambre; elle fait ses valises.
3. Nous sommes dans notre chambre; nous faisons nos valises.
4. Mme Durand est dans sa chambre; elle fait ses valises.
5. Vous êtes dans votre chambre; vous faites vos valises.
6. Il est dans sa chambre; il fait ses valises.
7. M. Lelong est dans sa chambre; il fait ses valises.

Exercise 5

1. During the summer, the weather is dry in the south of France.
2. It is necessary to stay at the office this evening.
3. There is still some cheese.
4. He is packing his bags.
5. Which dress do you want to try on?
6. Some suits fit you very well.
7. Don't you have Janine's address?
8. At which friend's are you having lunch?
9. With whom are you going out on Saturday?
10. It's not worth telephoning the manager.

VOCABULARY
French—English

(A)

à	- to, in, at
abord, d'-	- first
accepter	- to accept
accident *m.*	- accident
accord, d'-	- agreed
acheter	- to buy
addition *f.*	- check
affaire *f.*	- business
affluence *f.*	- rush hours
heures d'-	
agence	- real estate
immobilière *f.*	
agréable	- pleasant
aimer	- to like, to love
air *m.*	- appearance
avoir l'-	to appear
ajouter	- to add
allemand	- German
aller	- to go
aller *m.*	one-way ticket
allo	- hello
allumette *f.*	- match
alors	- then
américain	- American
Amérique *f.*	- America
ami *m.*	- friend
an *m.*	- year
ancien	- old, former
anglais	- English
année *f.*	- year
annonce *f.*	- advertisement
annuaire *m.*	- directory
août m.	- August
apéritif *m.*	- appetizer (drink)
appareil *m.*	- appliance
appartement *m.*	- apartment
appeler	- to call
apporter	- to bring
après	- after
après-midi *m.f.*	- afternoon
argent m.	- money
armoire *f.*	- wardrobe
arrivée *f.*	- arrival
arriver	- to arrive, to happen
aspirateur *m.*	- vacuum cleaner

aspirine *f.*	- aspirin
asseoir, s'-	- to sit down
assez	- enough
assiette *f.*	- plate
assister à	- attend
assurer	- to insure
Atlantique *m.*	- Atlantic
attendre	- wait
attention *f.*	- attention
atterrir	- to land
aujourd'hui	- today
au revoir	- goodby
aussi	- also, too
autant	- as many, as much
auteur *m.*	- author
auto *f.*	- car
automne *m.*	- autumn
autre	- other
avance, en -	- early
avant	- before
avec	- with
avenue *f.*	- avenue
avion *m.*	- airplane
par -	- airmail
avoir	- to have
il y a	there is, there are
avril *m.*	- April

(B)

bagages *m.*	- luggage
bain *m.*	- bath
salle de bains	bathroom
bas, en -	- downstairs
beau	- beautiful
beaucoup	- much, many
besoin *m.*	- need
avoir besoin	- to need
beurre *m.*	- butter
bibliothèque *f.*	- library
bien	- well
eh -	in that case
bientôt	- soon
bijou *m.*	- jewel
bijouterie *f.*	- jewelry store
bijoutier *m.*	- jeweler
billet *m.*	- ticket

blanc	- white	changer (de)	- to change
blanchisserie f.	- laundry	chaque	- each
blanchisseur m.	- laundryman	charmant	- charming
bleu	- blue	chateaubriand m.	- chateaubriand steak
block m.	- notebook	chaud	- warm, hot
blond	- blond	avoir -	to be hot
boire	- to drink	chauffeur m.	- driver
boîte f.	- box	chausser	- to wear (shoe size)
- aux lettres	mailbox	chaussure f.	- shoe
bon	- good	chemise f.	- shirt
bonjour	- hello	cher	- expensive, dear
bonne f.	- maid	chercher	- to look for
bord m.	- edge	aller -	to go get
- de la mer	seashore	venir -	to come get
boucher m.	- butcher	envoyer -	to send for
boucherie f.	- butcher shop	cheveu m.	- hair
bouillabaisse f.	- seafood soup	chez	- to, at
boulanger m.	- baker	chinois	- Chinese
boulangerie f.	- bakery	choisir	- to choose
bout m.	- end	chose f.	- thing
brosse f.	- brush	quelque chose	something
brun	- brown	cigare m.	- cigar
bureau m.	- desk, office	cinq	- five
buvard m.	- blotter	cinquante	- fifty
		ciré	- waxed
(C)		clair	- light (colored)
ça	- that	classe f.	- class, classroom
c'est -	fine	clef f.	- key
café m.	- coffee, cafe	client m.	- customer
caisse f.	- cash register	climat m.	- climate
campagne f.	- countryside	coiffeur m.	- barber; hairdresser
car	- because	coin m.	- corner
carafe f.	- carafe	coin fenêtre	window seat
carte f.	- menu	colis m.	- parcel
carte postale f.	- postcard	combien	- how much, how many
cas m.	- case	commande f.	- order
cause, à - de	- because	comme	- like, as, how
ce (c')	- this, that, it	- c'est commode	how convenient
cet		commencer	- to begin, to start
cette		comment	- how
ces		commode	- convenient
celui, celle	- the one	commode f.	- dresser
celles-ci	these	communicant	- connecting
cent	- hundred	compartiment m.	- compartment
certain	- certain	composer	- to dial
certainement	- certainly	comprendre	- to understand,
chaise f.	- chair		to include
chaleur f.	- heat	compter	- to intend, to count
chambre f.	- bedroom	concierge m.f.	- janitor, manager

condition de, à -	- provided
conduire	- to take to, to drive
conférence f.	- conference
connaissance f.	- acquaintance
connaître	- to know
construire	- to build
content	- pleased, happy
convenir (à)	- to suit
conversation f.	- conversation
cordonnier m.	- shoemaker
costume m.	- suit
côté, à -	- next to
de ce -	on this side
couchette f.	- berth
couloir m.	- corridor
coupe f.	- cut
couper	- to cut
cour f.	- courtyard
courrier m.	- mail
course f.	- errand
court	- short
couteau m.	- knife
coûter	- to cost
couverture f.	- blanket
couvre-lit m.	- bedspread
crayon m.	- pencil
crème f.	- cream
crèmerie f.	- dairy
crémier m.	- dairyman
critiquer	- to criticize
croire	- to believe
cuiller f.	- spoon
cuisine f.	- kitchen

(D)

dactylo f.	- typist
dans	- in, on
date f.	- date
de	- to, from, of
décembre m.	- December
décrocher	- to unhook, to take off the hook
déjà	- already
déjeuner m.	- lunch
déjeuner	- to have lunch
demain	- tomorrow
demander	- to ask
demi	- half
depart m.	- departure

dépêcher, se -	- to hurry
déposer	- to deposit, to drop off
depuis	- since, for
déranger	- to disturb
dernier	- last, latter
des	- some, any
descendre	- to go down, to stay at, to go down again
re-	
désirer	- to desire, to wish
dessert m.	- dessert
détruire	- to destroy
deux	- two
dévaluation f.	- devaluation
devenir	- to become
devoir	- to have to, to owe
dialogue m.	- dialogue
dicter	- to dictate
dictionnaire m.	- dictionary
différence f.	- difference
difficile	- difficult
dimanche m.	- Sunday
dîner m.	- dinner
dîner	to have dinner
dire	- to say
vouloir dire	to mean
discours m.	- speech
distribution f.	- distribution
dix	- ten
dix-huit	- eighteen
dix-neuf	- nineteen
dix-sept	- seventeen
dommage, c'est	- that's too bad
donc	- then, therefore
donner	- to give
dont	- of which, for which
dormir	- to sleep
doute m.	- doubt
douse	- twelve
drap m.	- sheet
droit m.	- right
avoir - à	have a right to
droite f.	- right
de -	right hand side
à -	on the right
du	- some

(E)

écouter	- to listen
efficace	- effective

effort *m.*	- effort	(F)	
électrique	- electric	face, en -	- in front, across
elle, elles	- she, it, they	facile	- easy
employé *m.*	- employee	-ment	easily
emporter	- to take away,	facteur *m.*	- mailman
	to take along	faim *f.*	- hunger
en	- in, on, to, at, some,	avoir -	to be hungry
	of it, of them,	faire	- to do, to make
	from there	falloir	- to be necessary,
encolure *f.*	- neck size		to need, to have to
encore	- again, still	familier	- familiar
pas -	not yet	famille *f.*	- family
encre *f.*	- ink	fauteuil *m.*	- armchair
enfant *m.*	- child	faux	- false
enfin	- at last	femme *f.*	- woman, wife
enregistrement *m.*	- baggage room	- de chambre	chambermaid
enregistrer	- to register	fenêtre *f.*	- window
ensemble	- together	coin - *m.*	window seat
ensoleillé	- sunny	fermer	- to close
ensuite	- then, afterwards	février *m.*	- February
entendre	- to hear	fiche *f.*	- form
entendu	alright	fille *f.*	- daughter
entre	- between	fils *m.*	- son
entrée *f.*	- entrance	fleur *f.*	- flower
entrer	- to go in, to come in	fois *f.*	- time
entretenir	- to maintain,	une -	once
	to care for	deux -	twice
enveloppe *f.*	- envelope	foncé	- dark (color)
environ	- about, around	football *m.*	- soccer
envoyer	- to send	forêt *f.*	- forest
épicerie *f.*	- grocery store	fort	- loud, strong, quite
épicier	- grocer	fourchette *f.*	- fork
escalier *m.*	- stairway	frais	- fresh, cool
espagnol	- Spanish	franc *m.*	- franc
espérer	- to hope	français	- French
essayer	- to try	frère *m.*	- brother
et	- and	frit	- fried
étage *m.*	- floor	froid	- cold
au premier -	on the second	avoir -	to be cold
été *m.*	- summer	fromage *m.*	- cheese
être	- to be	fruit *m.*	- fruit
étudiant *m.*	- student	fumeur *m.*	- smoker
euro	- euro		
eux	- them	(G)	
exactement	- exactly	gagner	- earn
exagérer	- to exaggerate	garçon *m.*	- boy, waiter
excuser	- to excuse	gare *f.*	- station
s'-	to apologize	gâteau *m.*	- cake
exemplaire *m.*	- copy	gauche *f.*	- left
expédier	- to send		

gauloise *f.*	- cigarette brand	inviter	- to invite
gaz *m.*	- gas	Italie *f.*	- Italy
geler	- to freeze	italien	- Italian
général, en -	- generally		
gens	- people	**(J)**	
gérant *m.*	- manager	jamais, ne …-	- never
gigot *m.*	- leg of lamb	janvier *m.*	- January
glissant	- slippery	jardin *m.*	- garden (flower)
gomme *f.*	- eraser	jaune	- yellow
grand	- large, big	je, j'	- I
grand magasin	- department store	jeter	- to throw
grandir	- to grow up	jeudi *m.*	- Thursday
gris	- gray	jeune	- young
gros	- big, heavy	joli	- pretty
grossir	- to gain weight	jour *m.*	- day
guichet *m.*	- ticket window	journée *f.*	- day
		journal *m.*	- newspaper
(H)		juillet *m.*	- July
habiller	- to dress	juin *m.*	- June
habiter	- to live	jusque	- until
habitude, d'-	- usually	justement	- precisely, anyway
comme d'-	as usual		
habituel	- regular	**(L)**	
haricot *m.*	- bean	l', la,	- the, it
haut	- haut, high	là	- there
en -	upstairs	là-bas	over there
heure *f.*	- hour	laisser	- to leave, to let
à l'-	on time	lait *m.*	- milk
à tout à l'heure	see you later	lame *f.*	- blade
heureux	- happy	laver	- to wash
hiver *m.*	- winter	le, l'	- the, it
homme *m.*	- man	leçon *f.*	- lesson
hors-d'oeuvre *m.*	- hors-d'oeuvre	légume *m.*	- vegetable
hôtel *m.*	- hotel	les	- the, them
huit	- eight	lettre *f.*	- letter
humide	- damp	leur	- their, to them
		levée *f.*	- mail collection
(I)		libre	- vacant, free
ici	- here	lieu *m.*	- place
par -	this way	y avoir - de	to have reason to
il	- he, it	linge *m.*	- linen
ils	- they	lire	- to read
immédiatement	- immediately	lit *m.*	- bed
immeuble *m.*	- building	wagon-lit *m.*	sleeping car
important	- important	livre *m.*	- book
inquiéter, s'-	- to worry	locataire *m.f.*	- tenant
installer	- to install	location *f.*	- reservation window
intéressant	- interesting	loin	- far
introduire	- to introduce	long	- long

VOCABULARY

longtemps	- long, for a long time	moi-même	myself
en avoir pour -	to be long	tout de même	nevertheless
louer	- to reserve, to rent	mentir	- to lie
lundi *m.*	- Monday	mer *f.*	- sea
lui	- to him, to her	bord de la -	seashore
		merci	- thank you
(M)		mercredi *m.*	- Wednesday
m'	- me, to me	mère *f.*	- mother
ma	- my	mes	- my
machine *f.*	- machine	mettre	- to put
- à écrire *f.*	typewriter	midi *m.*	- noon
madame *f.*	- Mrs., madam	le Midi	south of France
mademoiselle *f.*	- Miss	mieux	- better
magasin *m.*	- store	mille *m.*	- thousand
mai *m.*	- May	milliard *m.*	- billion
maigre	- thin	million *m.*	- million
maigrir	- to lose weight	minuit *m.*	- midnight
maintenant	- now	minute *f.*	- minute
maintenir	- to maintain	modèle *m.*	- style
mais	- but	moderne	- modern
maison *f.*	- house	moi	- me
mal	- bad	moindre	- smaller, lesser
pas - de	quite a bit	le -	the smallest,
malgré	- in spite of		the least
malle *f.*	- trunk	moins	- less
mandat *m.*	- money order	mois *m.*	- month
manger	- to eat	moment *m.*	- moment
salle à - *f.*	dining room	mon	- my
manquer	- to fail, to miss	monde *m.*	- world
je n'y manquerai	I certainly	trop de -	too many people
pas	will	monnaie *f.*	- change
manteau *m.*	- coat	monsieur *m.*	- Mr., sir, gentleman
marchand *m.*	- merchant	messieurs	gentlemen
marche *f.*	- step	monter	- to go up, to take up,
marcher	- to walk	re-	to go up again
mardi *m.*	- Tuesday	montrer	- to show
mari *m.*	- husband	morceau *m.*	- piece
marron	- brown	mot *m.*	- word
mars *m.*	- March	mourir	- to die
match *m.*	- game		
matin *m.*	- morning	(N)	
matinée *f.*	- morning	naître	- to be born
mauvais	- bad	nappe *f.*	- tablecloth
me, m'	- me, to me	narration *f.*	- narration
médicament *m.*	- medicine	naturellement	- naturally
meilleur	- best, better	ne, n', ne...pas	- adverb. conjunctive
meilleur que	better than		particle mainly used in
même	- same		negative constructions
ici même	right here	nécessaire	- necessary

neiger	- to snow
ne…que	- only
nettoyer	- to clean
neuf	- nine
neuf	- new
noir	- black
nom *m.*	- name
non	- no
Normandie *f.*	- Normandy
nos	- our
notre	- our
nôtre	- ours
nous	- we
nouveau	- new
nouvelle *f.*	- news
novembre *m.*	- November
numéro *m.*	- number
(O)	
obéir	- to obey
obtenir	- to get, to obtain
occuper de, s'-	- to take care of
octobre *m.*	- October
oeil m.	- eye
coup d'- *m.*	- glance
oeuf *m.*	- egg
on	- one, someone, they, we
onze	- eleven
ou	- or
où	- where
oublier	- to forget
oui	- yes
ouvrir	- open
(P)	
page *f.*	- page
pain *m.*	- bread
paire *f.*	- pair
pâlir	- to get pale
papier *m.*	- paper
- à lettre *m.*	- stationery
paquet *m.*	- package
par	- by
- ici	this way
parc *m.*	- park
parce que	- because
pardon	- excuse me
parent *m.*	- parent

parfait	- perfect
parisien	- Parisian
parler	- to speak
part *f.*	- behalf
c'est de la - de qui?	who is calling?
partir	- to leave
re-	to leave again
pas, ne…pas	- not
passer	- to go by, to come by, to pass
pâté *m.*	- pâté
pâtisserie *f.*	- pastry shop
pâtissier *m.*	- pastry (maker)
patron *m.*	- owner, boss
pauvre	- poor
payer	- to pay
peigne *m.*	- comb
peine *f.*	- trouble
ce n'est pas la -	it's not worth the trouble
pendant	- during, for
penderie *f.*	- clothes closet
penser	- to think
père *m.*	- father
permettre	- to permit
personne, ne -	- no one, nobody
peser	- to weigh
petit	- small
peu	- little, few
peur *f.*	- fear
avoir peur	to be afraid
pharmacie *f.*	- pharmacy
pharmacien *m.*	- pharmacist
phrase *f.*	- sentence
pièce *f.*	- room
pied *m.*	- foot
à pied	on foot
pire, le -	- worse, the worst
pis, le -	- worse, the worst
place *f.*	- seat
plaindre, se -	- complain
plaire	- to please
s'il vous plaît	please
plat *m.*	- dish
- du jour *m.*	daily special
pleuvoir	- to rain
pluie *f.*	- rain
plus	- more

VOCABULARY

pointure f. - shoe size
politique f. - politics
pomme de terre f. - potato
 - frite fried potato
porte f. - door
porter - to wear, to carry
postal - postal
poste f. - post office
pour - for, in order to
pourboire m. - tip
pourquoi - why
pousser - to grow
pouvoir - to be able to
 peut-être maybe, perhaps
premier - first
prendre - to take
près - near
présenter - to present, to introduce
président m. - president
presque - almost
pressé - in a hurry
prêt - ready
prêter - to lend
prétexte m. - pretext
 sous - pretending
prévenir - to inform, warn
prier - to pray
 je vous en prie you're welcome
prince m. - prince
printemps m. - spring
prochain - next
produire - to produce
proposer - to propose
propriétaire m.f. - landlord, -lady

(Q)
quai m. - platform, quay
quand - when
quarante - forty
quart m. - quarter
 midi et - quarter past noon
quartier m. - district, neighborhood
quatorze - fourteen
quatre - four
quatre-vingts - eighty
quatre-vingt-dix - ninety
que, qu' - that, what, than, as
quel - which, what
quelquefois - sometimes

quelques - a few
quelqu'un m. - someone
question f. - question
 être - de to be a matter of
qui - who, whom
quinze - fifteen
quitter - to leave
 ne quittez pas hold the line
quoi - what

(R)

raccrocher - to hang up
raison - reason
 avoir - to be right
ralentir - to slow down
ranger - to put away, in order
rappeler - to recall
rapporter - to bring back
rayon m. - shelf, department
razoir m. - razor
récepteur m. - receiver
recevoir - to receive
recommandé - registered
recommencer - to begin again
redescendre - to go down again
regarder - to look
région f. - region
remercier - to thank
remonter - to go up again
remplir - to fill
rencontrer - to meet
 se - to meet one another
rendez-vous m. - date, appointment
 prendre - to make a date
renseignement m. - information
rentrer - to come back, to go
 home, to return
réparer - to repair
repartir - to leave again
repas m. - meal
repasser - to iron
répéter - to repeat
répondre - to answer, to reply
réponse f. - answer
reprendre - to take back
ressortir - to go out again
restaurant m. - restaurant
rester - to be left, to stay
retard, en - - late

retenir	- to reserve	seulement	- only
retomber	- to fall again	si, s'	- if, yes, so
retour *m.*	- return	signer	- to sign
retourner	- to return	sinon	- otherwise
retrouver	- to meet	six	- six
se -	to meet one	soeur *f.*	- sister
	another	sofa *m.*	- sofa
réussir	- to succeed	soi, chez -	- one's home
réveiller	- to wake	soir *m.*	- evening
revenir	- to come back	soirée *f.*	- evening
revue *f.*	- magazine	soixante	- sixty
rez-de-chaussée *m.*	- street floor	soixante-dix	- seventy
rideau *m.*	- curtain	solde *m.*	- sale
rien	- nothing	en solde	on sale
risquer	- to run a risk	soleil *m.*	- sun
robe *f.*	- dress	son	- his, her, its, one's
rouge	- red	sortir	- to go out
rougir	- to blush	sous	- under
route *f.*	- road	sous-sol *m.*	- basement
roux	- red	souvenir *m.*	- regards, souvenir
rubrique *f.*	- column, section	se -	to remember
rue *f.*	- street	souvent	- often
russe	- Russian	spécialité *f.*	- specialty
		sportif	- athletic
(S)		sténo *f.*	- shorthand
sa	- his, her, its, one's	sucre *m.*	- sugar
saison *f.*	- season	suite, tout de -	- right away
salade *f.*	- lettuce	suivre	- to follow
salle *f.*	- room	suivant	next
- de bains	bathroom	sur	- on
salon *m.*	- living room	sûr	- sure
samedi *m.*	- Saturday	bien -	of course
sans	- without		
satisfait	- satisfied	(T)	
savoir	- to know	table *f.*	- table
savon *m.*	- soap	tant	- so much
sec	- dry	taper	- to type
secrétaire *f.*	- secretary	tard	- late
seize	- sixteen	taxi *m.*	- taxi
semaine *f.*	- week	teinturerie *f.*	- dry cleaner's
semelle *f.*	- sole	teinturier *m.*	- dry cleaner
sentir	- to feel, to smell	télégramme *m.*	- telegram
sept	- seven	téléphone *m.*	- telephone
septembre *m.*	- September	téléphoner	- to telephone
service *m.*	- service	temps *m.*	- time, weather
serviette *f.*	- napkin	à temps	in time
servir	- to serve	tenir	- hold
ses	- his, her, its, one's	tenir à	- to insist upon, to be
seul	- alone		fond of

VOCABULARY

terminer	- to finish	vendredi *m.*	- Friday
terrasse *f.*	- terrace	venir	- to come
texte *m.*	- text	- de	to have just
ticket *m.*	- ticket	vent *m.*	- wind
tiens!	- well!	verre *m.*	- glass
timbre *m.*	- stamp	vers	- toward, around
tiroir *m.*	- drawer	vert	- green
tomber	- to fall	vêtement *m.*	- clothes
tôt	- early	viande *f.*	- meat
toujours	- always, still	vie *f.*	- life
tout	- all, whole, everything	vieillir	- to grow old
pas du -	not at all	villa *f.*	- villa
- de suite	right away	ville *f.*	- town, city,
- à fait	completely, quite	en -	downtown
traduire	- to translate	vin *m.*	- wine
train *m.*	- train	vingt	- twenty
être en - de	to be in the process of	visiter	- to visit, to inspect
tranche *f.*	- slice	vite	- fast
transmettre	- to send, to transmit	vitesse *f.*	- speed
transport *m.*	- transportation	à toute -	as fast as you can
travail *m.*	- work	voici	- here is
travailler	- to work	voilà	- there is
traverser	- to cross, to go	voir	- to see
	through	volontiers	- willingly
treize	- thirteen	vos	- your
trente	- thirty	votre	- your
très	- very	vôtre	- yours
trois	- three	vouloir	- to want
trombone *m.*	- paper clip	- dire	to mean
trop	- too much, too many	vous	- you
trouver	- to find	voyager	- to travel
se -	to be located	vrai	- true, real
		vraiment	- really
(U)		vue *f.*	- view, sight
un, une	- a, one		
urgent	- urgent	(W)	
utile	- useful	wagon *m.*	- car, coach
		- restaurant *m.*	dining car
(V)		- lit *m.*	sleeping car
vacances *f.*	- vacation	week-end *m.*	- weekend
valise *f.*	- suitcase		
varié	- varied, assorted	(Y)	
vendeur *m.*	- salesman	y	- there, to it, to them
vendeuse *f.*	- saleswoman	je n'y manquerai	I certainly will
vendre	- to sell	pas	

English—French

(A)

a	- un, une
about	- environ
to be about	être question de
absent, to be -	- s'absenter
accept, to -	- accepter
accident	- accident *m.*
acquaintance	- connaissance *f.*
across	- en face
add, to -	- ajouter
advertisement	- annonce *f.*
after	- après
afternoon	- après-midi *m.f.*
afterwards	- ensuite
again	- encore
agreed	- d'accord, entendu
airplane	- avion *m.*
all	- tous, tout
not at all	pas du tout
all right	entendu
almost	- presque
alone	- seul
already	- déjà
also	- aussi
always	- toujours
America	- Amérique *f.*
American	- américain
and	- et
answer, to -	- répondre
answer	- réponse *f.*
apartment	- appartement *m.*
apologize, to -	- s'excuser
appear, to -	- avoir l'air
appetizer (drink)	- apéritif *m.*
appliance	- appareil *m.*
appointment	- rendez-vous *m.*
April	- avril *m.*
armchair	- fauteuil *m.*
around	- vers
arrival	- arrivée *f.*
arrive, to -	- arriver
as	- comme
as…as	- aussi…que
ask, to -	- demander
aspirin	- aspirine *f.*
assorted	- varié
at	- en, à, chez
Atlantic	- Atlantique
attend, to -	- assister
attention	- attention *f.*
August	- août *m.*
author	- auteur *m.*
auto	- auto *f.*
autumn	- automne *m.*
avenue	- avenue *f.*

(B)

bad	- mal
too bad	dommage
baker	- boulanger *m.*
bakery	- boulangerie *f.*
barber	- coiffeur *m.*
basement	- sous-sol *m.*
bathroom	- salle de bains *f.*
be, to -	- être
bean	- haricot *m.*
beautiful	- beau
because	- parce que, car
- of	à cause de
become, to -	- devenir
bed	- lit *m.*
bedroom	- chambre *f.*
bedspread	- couvre-lit *m.*
before	- avant
begin, to -	- commencer
- again	recommencer
behalf, on - of	- de la part de
believe, to -	- croire
berth	- couchette *f.*
best	- meilleur
better than	- meilleur que
between	- entre
big	- gros
billion	- milliard *m.*
bit	- un peu de
quite a -	pas mal de
black	- noir
blade	- lame *f.*
blanket	- couverture *f.*
blond	- blond
blotter	- buvard *m.*
blue	- bleu
blush, to -	- rougir
book	- livre *m.*

born, to be -	- naître	city	- ville *f.*
boss	- patron *m.*	class	- classe *f.*
bother, to -	- déranger	classroom	- classe *f.*
don't bother	ce n'est pas la peine	clean, to -	- nettoyer
box	- boîte *f.*	cleaner, dry -	- teinturier *m.*
boy	- garçon *m.*	dry cleaner's	- teinturerie *f.*
bread	- pain *m.*	climate	- climat *m.*
brother	- frère *m.*	close, to -	- fermer
brown	- brun, marron	closet, clothes -	- penderie *f.*
brush	- brosse *f.*	clothes	- vêtements *m.*
build, to -	- construire	coat	- manteau *m.*
building	- immeuble *m.*	coffee	- café *m.*
business	- affairs *f.*	cold, to be -	- avoir froid
but	- mais	column	- rubrique *f.*
butcher	- boucher *m.*	comb	- peigne *m.*
- shop	boucherie *f.*	come, to -	- venir
butter	- beurre *m.*	come by, to -	passer
buy, to -	- acheter	come back, to -	revenir
by	- par	compartment	- compartiment *m.*
		complain, to -	- se plaindre
(C)		concierge	- concierge *m.f.*
cafe	- café *m.*	conference	- conférence *f.*
cake	- gâteau *m.*	connecting	- communicant
call, to -	- appeler	convenient	- commode
who is calling?	c'est de la part	conversation	- conversation *f.*
	de qui?	copy	- exemplaire *m.*
can	- pouvoir	corner	- coin *m.*
car	- auto *f.*	corridor	- couloir *m.*
sleeping	wagon-lit *m.*	cost, to -	- coûter
dining -	wagon-restaurant *m.*	countryside	- campagne *f.*
carafe	- carafe *f.*	course, of -	- bien sûr
care, to take - of	- s'occuper de	courtyard	- cour *f.*
carry, to -	- porter	cream	- crème *f.*
case	- cas *m.*	criticize, to -	- critiquer
cash register	- caisse *f.*	curtain	- rideau *m.*
certain	- certain	customer	- client *m.*
certainly	- certainement	cut, to -	- couper
chair	- chaise *f.*	cut	- coupe *f.*
chambermaid	- femme de chambre		
change, to -	- changer *f.*	(D)	
change	- monnaie *f.*	dairy	- crémerie *f.*
charming	- charmant	(man)	crémier *m.*
check	- addition *f.*	damp	- humide
check, to - in	- enregistrer	dark (color)	- foncé
cheese	- fromage *m.*	date	- date *f.*,
child	- enfant *m.*		rendez-vous *m.*
Chinese	- chinois	daughter	- fille *f.*
choose, to -	- choisir	day	- jour *m.*, journée *f.*
cigar	- cigare *m.*	dear	- cher

December	- décembre *m.*
department	- rayon *m.*
department store	grand magasin *m.*
departure	- départ *m.*
deposit, to -	- déposer
desk	- bureau *m.*
dessert	- dessert *m.*
destroy, to -	- détruire
devaluation	- dévaluation *f.*
dial, to -	- composer
dialogue	- dialogue *m.*
dictate, to -	- dicter
dictionary	- dictionnaire *m.*
die, to -	- mourir
difference	- différence *f.*
difficult	- difficile
dine, to -	- dîner
dinner	- dîner *m.*
directory	- annuaire *m.*
distribution	- distribution *f.*
district	- quartier *m.*
disturb, to -	- déranger
do, to -	- faire
door	- porte *f.*
doubt	- doute *m.*
downstairs	- en bas
drawer	- tiroir *m.*
dress, to -	- habiller
dress	robe *f.*
dresser	- commode *f.*
drink, to -	- boire
drive, to -	- conduire
driver	- chauffeur *m.*
drop, to - off	- déposer
dry	- sec
during	- pendant

(E)

each	- chaque
early	- tôt, en avance
earn, to -	- gagner
easily	- facilement
easy	- facile
edge	- bord *m.*
effective	- efficace
effort	- effort *m.*
egg	- oeuf *m.*
eight	- huit
eighteen	- dix-huit
eighty	- quatre-vingts
electric	- électrique

eleven	- onze
employee	- employé *m.*
end	- bout *m.*
English	- anglais
enough	- assez
enter, to -	- entrer
entrance	- entrée *f.*
envelope	- enveloppe *f.*
eraser	- gomme *f.*
errand	- course *f.*
euro	- euro *m.*
evening	- soir *m.*, soirée *f.*
every	- tous les
exactly	- exactement
exaggerate, to -	- exagérer
excuse, to -	- excuser
excuse-me	pardon
expensive	- cher
eye	- oeil *m.*

(F)

fail, to -	- manquer
fall, to -	- tomber
- again	retomber
false	- faux
familiar	- familier
family	- famille *f.*
far	- loin
fast	- vite
father	- père *m.*
fear	- peur *f.*
February	- février *m.*
feel, to -	- sentir
few, a -	- quelques
fifteen	- quinze
fill, to -	- remplir
find, to -	- trouver
fine	- bien
finish, to -	- terminer
first	- premier, d'abord
fit, to -	- aller
five	- cinq
floor	- étage *m.*
street floor	rez-dechaussée *m.*
flower	- fleur *f.*
follow, to -	- suivre
foot	- pied *m.*
for	- pour, depuis, pendant
- rent	à louer

VOCABULARY

forest	- forêt *f.*	(H)	
forget, to -	- oublier	hair	- cheveu
fork	- fourchette *f.*	half	- demi
form	- fiche *f.*	hang up, to	- raccrocher
former	- ancien	happen, to	- arriver
forty	- quarante	happy	- heureux
four	- quatre	have, to	- avoir
fourteen	- quatorze	- something done	faire + verb
franc	- franc *m.*	- just	venir de
free, vacant	- libre	he	- il
freeze	- geler	hear, to	- entendre
French	- français	heat	- chaleur *f.*
fresh	- frais	hello	- allo, bonjour
Friday	- vendredi *m.*	help, to	- aider
fried	- frit	may I - you	que désirez-vous?
friend	- ami	her	- son, sa, ses
from	- de	to -	lui
front, in -	- en face	here	- ici
fruit	- fruit *m.*	- it is	voilà
		high	- haut
(G)		him	- lui
gain weight, to	- grossir	his	- son, sa, ses
game	- match *m.*	hold, to -	- tenir
garden (flower -)	- jardin *m.*	- the line	ne quittez pas
gas (not gasoline)	- gaz *m.*	home, one's -	- chez soi
generally	- en général	hope, to -	- espérer
gentleman	- monsieur	hors-d'oeuvre	- hors-d'oeuvre *m.*
-men	messieurs	hot	- chaud
German	- allemand	to be -	avoir chaud
get, to	- obtenir	hotel	- hôtel *m.*
give, to	- donner	hour	- heure *f.*
glass	- verre *m.*	rush hours	heures d'affluence
go, to	- aller	house	- maison *f.*
- away	s'en aller	how	- comment
- by	passer	- convenient	comme c'est com-
- down	descendre		mode!
- home	rentrer	hundred	- cent
- out	sorter	hunger	- faim *f.*
- through	traverser	hungry, to be -	- avoir faim
- up	monter	hurry, to -	- se dépêcher
good	- bon	in a -	pressé
goodby	- au revoir	husband	- mari *m.*
gray	- gris		
green	- vert	(I)	
grocer	- épicier *m.*	I	- je, j'
- store	épicerie *f.*	if	- si
grow, to	- pousser	immediately	- immédiatement
- up	grandir	important	- important

in	- en, dans, à
include, to -	- comprendre
information	- renseignement *m.*
ink	- encre *f.*
insist, to - on	- tenir à
install, to -	- installer
insure, to -	- assurer
intend, to -	- compter
interesting	- intéressant
introduce, to -	- introduire
invite, to -	- inviter
iron, to -	- repasser
it	- il, elle, ce, le, la
Italian	- italien
Italy	- Italie *f.*
its	- son, sa, ses
(J)	
January	- janvier *m.*
jewel	- bijou *m.*
jeweler	- bijoutier *m.*
jewelry store	- bijouterie *f.*
July	- juillet *m.*
June	- juin *m.*
(K)	
key	- clef *f.*
kitchen	- cuisine *f.*
knife	- couteau *m.*
know, to -	- savoir, connaitre
(L)	
lamb, leg of -	- gigot *m.*
land, to -	- atterrir
landlord, -lady	- propriétaire *m.f.*
large	- grand
last	- dernier
at -	enfin
late	- en retard, tard
see you -	à tout à l'heure
latter, the -	- ce dernier, celui-ci
laundry	- blanchisserie *f.*
- (man)	blanchisseur *m.*
lead, to -	- conduire
leave, to -	- partir, quitter, laisser
- again	repartir
left	- gauche *f.*
to be -	rester

lend, to -	- prêter
less	- moins
lesson	- leçon *f.*
let, to - + verb	- laisser + verb
letter	- lettre *f.*
lettuce	- salade *f.*
library	- bibliothèque *f.*
lie, to -	- mentir
life	- vie *f.*
light (colored)	- clair
like, to -	- aimer
linen, whites	- linge *m.*
listen, to -	- écouter
little	- petit, peu
live, to -	- habiter
living room	- salon *m.*
located, to be -	- se trouver
long	- long
- time	longtemps
look, to -	- regarder
- for	chercher
- like	avoir l'air
lot, a - of	- beaucoup de
loud	- fort
low	- bas
luggage	- bagages *m.*
lunch	- déjeuner *m.*
to have -	déjeuner
(M)	
magazine	- revue *f.*
maid	- bonne *f.*
mail	- courrier *m.*
- box	boîte aux lettres *f.*
- collection	levée *f.*
- man	facteur *m.*
maintain, to -	- entretenir, maintenir
make, to -	- faire
man	- homme *m.*
manager	- gérant *m.*
many	- beaucoup
how -	combien
as -	autant
March	- mars *m.*
match	- allumette *f.*
	match *m.*
matter	- affaire *f.*
May	- mai *m.*

VOCABULARY

me	- moi, me, m'	newspaper	- journal *m.*
meal	- repas *m.*	next	- prochain
mean, to -	- vouloir dire	- door	à côté
meat	- viande *f.*	nine	- neuf
medicine	- médicament *m.*	nineteen	- dix-neuf
meet, to -	- rencontrer,	ninety	- quatre-vingt-dix
	se rencontrer,	no	- non
	retrouver	nobody, no one	- personne, ne ... per-
menu	- carte *f.*		sonne
merchant	- marchand *m.*	noon	- midi *m.*
midnight	- minuit *m.*	Normandy	- Normandie *f.*
milk	- lait *m.*	not	- pas, ne ... pas
million	- million *m.*	notebook	- bloc m.
minute	- minute *f.*	nothing	- rien, ne ... rien
miss, to -	- manquer	November	- novembre *m.*
miss	- mademoiselle *f.*	now	- maintenant
mister	- monsieur *m.*	number	- numéro *m.*
modern	- moderne		
moment	- moment *m.*	(O)	
Monday	- lundi *m.*	obey, to -	- obéir
money	- argent *m.*	obtain, to -	- obtenir
month	- mois *m.*	o'clock	- heure *f.*
more	- plus	it is one -	il est une heure
morning	- matin *m.*	October	- octobre *m.*
	matinée *f.*	of	- de
mother	- mère *f.*	office	- bureau *m.*
Mrs.	- madame	often	- souvent
much	- beaucoup, bien	old	- vieux
how -	combien	to grow -	vieillir
- prettier	bien plus joli	on	- en, dans, sur
as -	autant	one	- un *m.*, une *f.*
so -	tant	some-	on, celui, celle
must	- devoir	-'s	son, sa, ses
my	- mon, ma, mes	only	- seulement, ne ... que
		open, to -	- ouvrir
(N)		or	- ou
name	- nom *m.*	order	- commande *f.*
napkin	- serviette *f.*	money -	mandat *m.*
narration	- narration *f.*	in - to	pour
naturally	- naturellement	other	- autre
near	- près	otherwise	- sinon
necessary	- nécessaire	our	- notre, nos
to be -	falloir	owe, to -	- devoir
need, to -	- falloir, avoir besoin	owner, boss	- patron *m.*
need	- besoin *m.*		
never	- jamais, ne ... jamais	(P)	
nevertheless	- tout de même	package	- paquet *m.*
new	- nouveau, neuf	page	- page *f.*
news	- nouvelle *f.*	pair	- paire *f.*

pale, to get -	- pâlir
paper	- papier *m.*
- clip	trombone *m.*
parcel	- colis *m.*, paquet *m.*
parents	- parents *m.*
Parisian	- parisien *m.*
park	- parc *m.*
pass, to -	- passer
pastry shop	- pâtisserie *f.*
- (man)	pâtissier *m.*
pâté	- pâté *m.*
pay, to -	- payer
pencil	- crayon *m.*
people	- gens *m.*
perfect	- parfait
perhaps	- peut-être
permit, to -	- permettre
pharmacist	- pharmacien *m.*
pharmacy	- pharmacie *f.*
piece	- morceau *m.*
place	- lieu *m.*
plate	- assiette *f.*
platform	- quai *m.*
pleasant	- agréable
please, to -	- plaire
if you -	s'il vous plaît
pleased	content
politics	- politique *f.*
poor	- pauvre
postal	- postal
postcard	- carte postale *f.*
post office	- poste *f.*
potato	- pomme de terre *f.*
pray, to -	- prier
precisely	- justement
present, to -	- présenter
president	- président *m.*
pretending	- sous prétexte
pretext	- prétexte *m.*
prince	- prince *m.*
produce, to -	- produire
propose, to -	- proposer
provided	- à condition
put, to -	- mettre, ranger

(Q)

quarter	- quart *m.*
question	- question *f.*

(R)

rain, to -	- pleuvoir
rain	- pluie *f.*
razor	- razoir *m.*
read, to -	- lire
ready	- prêt
real, really	- vrai, vraiment
real estate agency	- agence immobilière *f.*
reason	- raison *f.*
to have - to	y avoir lieu de
recall, to -	- rappeler
receive, to -	- recevoir
receiver	- récepteur *m.*
red	- roux, rouge
regards	- souvenir *m.*
region	- région *f.*
registered	- recommandé
regular	- habituel
remain, to -	- rester
remember, to -	- se souvenir
rent, to -	- louer
for -	à louer
repair, to -	- réparer
repeat, to -	- répéter
reply, to -	- répondre
reserve, to -	- retenir, louer
restaurant	- restaurant *m.*
return, to -	- retourner, rentrer
return	- retour *m.*
right	- droit *m.*
- hand side	de droite
- away	tout de suite
risk, to -	- risquer
road	- route *f.*
room	- salle *f.*, pièce *f.*
bathroom	salle de bain
dining room	salle à manger
Russian	- russe

(S)

sale	- solde *m.*
on -	en solde
saleswoman	vendeuse *f.*
same	- même
satisfied	- satisfait
Saturday	- samedi *m.*
say, to -	- dire

VOCABULARY

sea	- mer *f.*	slow down, to -	- ralentir
seashore	bord de la	small	- petit
	mer *m.*	smaller	moindre
season	- saison *f.*	smallest	le moindre
seat	- place *f.*	smell, to -	- sentir
secretary	- secrétaire	snow, to -	- neiger
section	- rubrique *f.*	so	- si
see, to -	- voir	- much	tant
self, myself	- moi-même	soap	- savon *m.*
sell, to -	- vendre	soccer	- football *m.*
send, to -	- transmettre, envoyer,	sofa	- sofa *m.*
	expédier	sole	- semelle *f.*
- for	envoyer, chercher	some	- des, du, de la, en
sentence	- phrase *f.*	someone	- quelqu'un *m.*
September	- septembre *m.*	sometimes	- quelquefois
serve, to -	- servir	somewhere	- quelque part
service	- service *m.*	son	- fils *m.*
seven	- sept	soon	- bientôt
seventeen	- dix-sept	Spanish	- espagnol
seventy	- soixante-dix	speak, to -	- parler
several	- plusieurs	special, daily -	- plat du jour *m.*
she	- elle	specialty	- spécialité *f.*
sheet	- drap *m.*	speech	- discours *m.*
shelf	- rayon *m.*	speed	- vitesse *f.*
shirt	- chemise *f.*	spite of, in	- malgré
shoe	- chaussure *f.*	spoon	- cuiller *f.*
shoemaker	- cordonnier *m.*	spring	- printemps *m.*
shopping, to go -	- faire des courses	stairway	- escalier *m.*
short	- court	stamp	- timbre *m.*
shorthand	- sténo *f.*	start, to -	- commencer
show, to -	- montrer	station	- gare *f.*
side	- côté *m.*	stationery	- papier à lettre *m.*
on this -	de ce -	stay, to -	- rester
sight	- vue *f.*	- at	descendre
sign, to -	- signer	step	- marche *f.*
since	- depuis	still	- toujours, encore
sir	- monsieur	store	- magasin *m.*
sister	- soeur *f.*	street	- rue *f.*
sit down, to -	- s'asseoir	- floor	rez-de-chaussée *m.*
sit down	asseyez-vous	student	- étudiant *m.*
six	- six	style	- modèle *m.*
sixteen	- seize	succeed, to -	- réussir
sixty	- soixante	sugar	- sucre *m.*
size: collar -	- encolure *f.*	suit, to -	- convenir
shoe -	pointure *f.*	suit	- costume *m.*
sleep, to -	- dormir	suitcase	- valise *f.*
slice	- tranche *f.*	summer	- été *m.*
slightest, the -	- le moindre	sun	- soleil *m.*
slippery	- glissant	sunny	ensoleillé

Sunday	- dimanche *m.*	tomorrow	- demain
sure	- sûr	tonight	- ce soir
		too (much, many)	- trop
(T)		toward	- vers
table	- table *f.*	town	- ville *f.*
tablecloth	- nappe *f.*	downtown	en ville
take, to -	- prendre	train	- train *m.*
- away	emporter	translate, to -	- traduire
- to	conduire, porter	transmit, to -	- transmettre
- back	reprendré	transportation	- transport *m.*
taxi	- taxi *m.*	travel, to -	- voyager
telegram	- télégramme *m.*	trouble	- peine *f.*
telephone, to -	- téléphoner	it is not worth	ce n'est pas
telephone	- téléphone *m.*	the trouble	la peine
ten	- dix	true	- vrai
tenant	- locataire *m.f.*	trunk	- malle *f.*
terrace	- terrasse *f.*	try, to -	- essayer
text	- texte *m.*	Tuesday	- mardi *m.*
thank, to -	- remercier	twelve	- douze
-you	merci	twenty	- vingt
that	- que, qu', ça, cela	twice	- deux fois
the	- le, la, les, l'	two	- deux
their	- leur	type, to -	- taper
them	- eux, leur, les	typewriter	- machine à écrire
then	- alors, ensuite	typist	- dactylo *f.*
there	- là, y		
these	- ces	(U)	
they	- ils, elles	under	- sous
thin	- maigre	understand, to -	- comprendre
thing	- chose *f.*	unhook, to -	- décrocher
some-	quelque chose	until	- jusque
think, to -	- penser	upstairs	- en haut
thirteen	- treize	urgent	- urgent
thirty	- trente	useful	- utile
this	- ce, cette	usually	- d'habitude
those	- ces		
thousand	- mille *m.*	(V)	
three	- trois	vacant	- libre
Thursday	- jeudi *m.*	vacation	- vacances *f.*
ticket	- billet *m.*, ticket *m.*	vacuum cleaner	- aspirateur *m.*
round trip -	aller et	vegetable	- légume *m.*
	retour *m.*	very	- très
platform -	ticket de quai *m.*	view	- vue *f.*
time	- fois *f.*, heure *f.*	villa	- villa *f.*
	temps *m.*	visit, to -	- visiter
tip	- pourboire *m.*		
to	- à, de, en, pour	(W)	
today	- aujourd'hui	wait, to -	- attendre
together	- ensemble	waiter	- garçon *m.*

VOCABULARY

wake, to -	- réveiller	willingly	- volontiers
walk, to -	- marcher	wind	- vent *m.*
want, to -	- vouloir	window	- fenêtre *f.*
wardrobe	- armoire *f.*	reservation -	guichet *m.*,
warm	- chaud		location *f.*
warn, to -	- prévenir	wine	- vin *m.*
wash, to -	- laver	winter	- hiver *m.*
waxed	- ciré	wish, to -	- désirer
way, this -	- par ici	with	- avec
we	- nous	without	- sans
wear, to -	- porter	woman	- femme *f.*
- shoe size	chausser	word	- mot *m.*
weather	- temps *m.*	work	- travail *m.*
the - is nice	il fait beau	work, to -	- travailler
Wednesday	- mercredi *m.*	world	- monde *m.*
week	- semaine *f.*	worry, to -	- s'inquiéter
weekend	- week-end *m.*	worse	- pire
weigh, to -	- peser	worst, the	- le pire
well	- tiens, bien		
what	- quel, quelle, que, quoi	(Y)	
when	- quand	year	- année *f.*
where	- où		an *m.*
which	- quel, quelle	yellow	- jaune
white	- blanc	yes	- oui, si
who	- qui	yet	- encore
whole	- tout, toute	you	- vous
whom	- qui	young	- jeune
why	- pourquoi	your	- votre
wife	- femme *f.*	yours	- vôtre

LEARN A NEW LANGUAGE
THE FAST, FUN WAY!

These lively full-color activity books help you pick up the language you need in just minutes a day. Emphasis is on everyday situations— from meeting people and handling simple business transactions to shopping and dining out—and more. All words and phrases are accompanied by pronunciation.

There are hundreds of amusing color illustrations plus puzzles, maps, quizzes and vocabulary cards for practice. *Special bonus for business and vacation travelers:* pull-out bilingual dictionary complete with Food and Drink Guide.

"LEARN A LANGUAGE THE FAST AND FUN WAY" AVAILABLE IN:

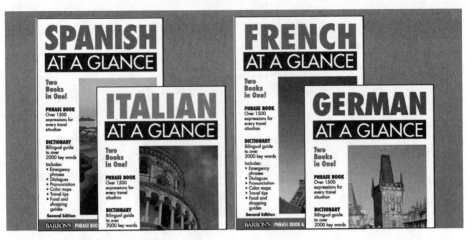

AT A GLANCE Series

Barron's new series gives travelers instant access to the most common idiomatic expressions used during a trip—the kind one needs to know instantly, like "Where can I find a taxi?" and "How much does this cost?"

Organized by situation (arrival, customs, hotel, health, etc.) and containing additional information about pronunciation, grammar, shopping plus special facts about the country, these convenient, pocket-size reference books will be the tourist's most helpful guides.

Special features include a bilingual dictionary section with over 2000 key words, maps of each country and major cities, and helpful phonetic spellings throughout.

Each book paperback, 256 pp., 3 3/4" x 6"

ARABIC AT A GLANCE, Wise (0-7641-1248-1) $8.95, Can. $12.50
CHINESE AT A GLANCE, Seligman & Chen (0-7641-1250-3) $8.95, Can. $12.50
FRENCH AT A GLANCE, 3rd, Stein & Wald (0-7641-1254-6) $6.95, Can. $9.95
GERMAN AT A GLANCE, 3rd, Strutz (0-7641-1255-4) $6.95, Can. $9.95
ITALIAN AT A GLANCE, 3rd, Costantino (0-7641-1256-2) $6.95, Can. $9.95
JAPANESE AT A GLANCE, 3rd, Akiyama (0-7641-0320-2) $8.95, Can. $11.95
KOREAN AT A GLANCE, Holt (0-8120-3998-X) $8.95, Can. $11.95
RUSSIAN AT A GLANCE, Beyer (0-7641-1251-1) $8.95, Can. $12.50
SPANISH AT A GLANCE, 3rd, Wald (0-7641-1257-0) $6.95, Can. $9.95

Barron's Educational Series, Inc.
250 Wireless Blvd., Hauppauge, NY 11788
Call toll-free: 1-800-645-3476
In Canada: Georgetown Book Warehouse, 34 Armstrong Ave.
Georgetown, Ont. L7G 4R9, Call toll-free: 1-800-247-7160
Visit our website at: www.barronseduc.com

Books may be purchased at your bookstore, or by mail from Barron's. Enclose check or money order for total amount plus sales tax where applicable and 18% for postage and handling (minimum charge $5.95). Prices subject to change without notice.
Can. $ = Canadian dollars

(#25) R 12/02

LANGUAGE PACKAGES FOR BUSY PEOPLE

LANGUAGES ON THE GO–Level 1

Developing language skills is easy and fun with the *On The Go* program! Two 90-minute cassette tapes in each package feature a friendly, English-speaking narrator who teaches language fundamentals step-by-step. All that's needed is a cassette player. The ideal course for people *on the go!*

Each package comes in a handy plastic case:
Available in . . .

French ISBN: 7348-0*
$14.95, Can. $21.00

German ISBN: 7351-0*
$14.95, Can. $21.00

Italian ISBN: 7350-2*
$14.95, Can. $21.00

Japanese ISBN: 7828-4
$14.95, Can. $19.95

Russian ISBN: 8128-5
$14.95, Can. $21.00

Spanish ISBN: 7349-9*
$14.95, Can. $21.00

LANGUAGES ON THE ROAD & ON THE GO–Level 2

This series picks up where Barron's *Languages On The Go* leaves off. Designed for busy people who possess basic language skills, here are lively, interesting conversations on tape with practically no English coaching at all. The spoken word is stressed without the use of a textbook, so listeners can learn in their car.

Two, 90-minute tapes with audioscript in a plastic case, $11.95, Can. $14.95
Spanish ISBN: 7934-5

Barron's ISBN prefixes are 0-8120 and 0-7641 denoted by (*). Books may be purchased at your bookstore, or by mail from Barron's. Enclose check or money order for the total amount plus sales tax where applicable and 18% for postage and handling (minimum charge $5.95). Prices subject to change without notice.
$=U.S. Dollars, Can.$=Canadian Dollars.

Barron's Educational Series, Inc.
250 Wireless Blvd., Hauppauge, NY 11788
In Canada: Georgetown Book Warehouse
34 Armstrong Ave., Georgetown, Ont. L7G 4R9
Visit our website at: www.barronseduc.com

SPEAK A FOREIGN LANGUAGE
LIKE A DIPLOMAT

FOREIGN SERVICE INSTITUTE
MASTERING SERIES–*Level 1*

These kits are the same courses that the U.S. government uses to help foreign diplomats achieve foreign language fluency. **Each package features a textbook and 12 cassettes and is only $79.95, Can. $111.95**

Available in...
Mastering French ISBN: 7589-0
Mastering German ISBN: 7352-5
Mastering Greek ISBN: 7477-7
Mastering Hebrew ISBN: 7478-5
Mastering Italian ISBN: 7323-1
Mastering Japanese ISBN: 7633-8
Mastering Korean ISBN: 7480-7
Mastering Portuguese ISBN: 7479-3
Mastering Spanish ISBN: 7588-2

Instruction textbooks for all Level 1 titles may be purchased separately.

FOREIGN SERVICE INSTITUTE
MASTERING SERIES–*Level 2*

This series begins where Level 1 leaves off. Level 2 is an intense, self-teaching program that takes serious students to a higher degree of fluency. Each package includes comprehensive tapes supplemented by a textbook. Hundreds of spoken drills, quizzes and written exercises for building and mastering grammar, vocabulary, pronunciation and conversational skills are offered. **Each package: 12 cassettes (Japanese 8) with book in boxed set, $79.95, Can. $99.95**

Available in...
French ISBN: 7918-3   Spanish ISBN: 7919-1
German ISBN: 7920-5
Instruction textbooks for all Level 2 titles may be purchased separately.

Books may be purchased at your bookstore, or by mail from Barron's. Enclose check or money order for the total amount plus sales tax where applicable and 18% for postage and handling (minimum charge $5.95). Prices subject to change without notice. ISBN Prefix: 0-8120. $=U.S. Dollars, Can.$=Canadian Dollars.

Barron's Educational Series, Inc.
250 Wireless Blvd., Hauppauge, NY 11788
In Canada: Georgetown Book Warehouse
34 Armstrong Ave., Georgetown, Ont. L7G 4R9
Visit our website at: www.barronseduc.com

(#30b)
R 12/02